ちくま評伝シリーズ〈ポルトレ〉

女性解放運動から社会変革へ

市川房枝

政治家・市民運動家［日本］

筑摩書房

イラストレーション　寺田克也
ブックデザイン　名久井直子
構成・文　今井秀和

目次

はじめに　市川房枝とは

ちょっと昔、日本のあるところに、一人のおばあさんがいました。

おばあさんは八十七歳《さい》のときに、二七八万四九八八票もの大量票を獲得《かくとく》し、無所属で出馬した参議院議員選挙・全国区で第一位当選を果たしました。

このときの得票数は、日本の憲政史上もっとも多いものでした。それを、八十七歳という老齢《ろうれい》の女性が獲得したのです。

しかも彼女は、企業《きぎょう》からの献金《けんきん》には一切頼《いっさいたよ》らずに、全国の支持者一人一人からの献金で選挙資金をまかないました。

さらに、大音量のスピーカーを使って庶民《しょみん》に迷惑《めいわく》をかけるような選挙運動を避《さ》けるというポリシーを貫《つらぬ》くなど、日本の選挙の中ではきわめて特殊《とくしゅ》な「理想選挙」を徹底《てってい》した上でのトップ当選でした。六十歳で参議院議員に遅咲《おそざ》きの初当選を果たしてから、通算で五度目となる当選でした。

おばあさんの名前を、市川房枝《いちかわふさえ》といいます。

彼女がこの快挙を成《な》し遂《と》げたのは、一九八〇（昭和五五）年のこと。突然《とつぜん》の体調不良を訴《うった》えて、惜《お》しまれながらもこの世を去る前年でした。

それではなぜ、八十代も半《なか》ばを過ぎた一人の女性が、派手な選挙活動をするでもなく全国の人々の支持を得ることになったのでしょうか。

明治に生まれて大正・昭和という激動の時代を生《い》き抜《ぬ》いた女性たちは、一人一人が、皆《みな》それぞれに大変な道を歩んでいました。

なかでも市川房枝は、そうした女性たちの生活を少しでもよくするために奔走《ほんそう》し続けるという、さらに困難な道を進んだ女性でした。第二次世界大戦以前の市川は、明治以降も不当に差別されてきた日本女性の地位向上をはかる運動に邁進《まいしん》していました。

当時、まだ女性には選挙を行う権利もなく、政治に参加することもできませんでした。また、理不尽《りふじん》で一方的な結婚《けっこん》・離婚《りこん》を余儀《よぎ》なくされることも多く、就職しても男性より低い賃金での不当な労働を強いられるなど、女性が男性よりも劣《おと》るものとして扱《あつか》われた時代でした。

そこで、市川に代表されるような人々が、女性の地位向上のための運動を起こしたのです。こうした運動はのちに、「女性解放運動」と名付けられることになります。

そして市川は、女性解放運動の中でもとくに女性の参政権（当時は「婦人参政権」と呼ばれていました）の獲得を求める運動が重要であると考え、これに身を捧《ささ》げていました。

では、市川房枝はどうして女性参政権の獲得に情熱を燃やしていたのでしょうか。これについて理解するためには、少しだけ、参政権についてのおさらいをしておく必要があります。

ご存じのように現在の日本では、禁錮《きんこ》以上の刑が執行《しっこう》中などの特殊な場合を除いて、日本国籍《こくせき》を持つ二十歳以上の男女全てに選挙権があります。また、衆議院議員などは二十五歳以上、参議院議員などは三十歳以上であれば、男女問わず、各種の選挙に立候補することができます。

こうした、選挙権と被選挙権などをあわせた権利を、「参政権」といいます。

参政権は、今の日本では、当たり前のように存在する権利です。しかし、つい数十年前、戦後を迎《むか》えるまでの日本では、女性に参政権がなかったのです。嘘《うそ》のような話ですが、本当のことです。

だからこそ、女性参政権が必要だったのです。

選挙に関して、女性だけが不当に差別されている状況《じょうきょう》を打開しようと、市川をはじめとした人々が努力を続けた甲斐《かい》もあって、現在のような女性の参政権が存在しているのです。今現在、日本国民の一人一人が当たり前のように持っている参政権は、じつは、このような人たちの必死の努力があった末に実現したものだったのです。

女性参政権が実現すると、市川はそれまでの運動の延長線として、今度は参議院議員になって政治の世界に乗り出します。

そして当時、なかばあきらめとともに受け入れられていた政治家と企業との癒着《ゆちゃく》を排《はい》した、クリーンな政治の実現を目指します。政治の腐敗《ふはい》に真っ向からぶつかっていく市川の姿勢を、多くの人々が支持しはじめました。

市川と同じマンションに住む人やお掃除《そうじ》のおばさん、近所にあるトンカツ屋のおじいさんに至るまで、本当に、市川をよく知る庶民の一人一人が、自分の財布《さいふ》から少しずつ献金してくれたのです。市川の運動を認め、遠く離《はな》れた土地から応援《おうえん》してくれる支持者も数多くいました。こうした多くの人々の応援により、市川は選挙資金をまかなうことができました。限られた特定の層だけでなく、名もなき多くの人々が市川を認めて、支援してくれた結果でした。

市川もまた、さまざまな人が送ってくれた献金を一円たりとも無駄《むだ》にすることがないよう、選挙運動に必要な支出を最低限におさめ、その上で大量票を獲得して当選したのです。市川の運動は、戦前には女性参政権獲得などの女性運動を主体としており、戦後、それが実現すると、更《さら》なる平等を求めて活動の領域を広げていきました。

こうした市川房枝の旺盛《おうせい》な行動力の源には、幼い頃《ころ》の悲しい記憶《きおく》に根差した、万人の「平等」を求める強い想《おも》いがありました。

それでは、日本の女性たち、いや、日本の男女の生き方に大きな影響《えいきょう》をおよぼした市川房枝の原動力とは、はたしてどのようなものだったのでしょうか。

市川房枝がモットーとしていた言葉に、次のようなものがあります。

平和なくして平等なく
平等なくして平和なし

この言葉をキーワードに、市川房枝の歩んだ歴史を振《ふ》り返っていきましょう。

婦選会館（東京都渋谷区）の玄関には、市川房枝と平塚らいてう（らいちょう）の言葉が掲げられています。

第一章　農家に生まれて

父に殴られる母と「女の悲しみ」

遠い遠い、幼い頃《ころ》の記憶《きおく》です。

房枝《ふさえ》は泣きじゃくりながら、母親に頭を撫《な》でられていました。

若き日の母も両の目に涙《なみだ》を溜《た》めて、肩《かた》を震《ふる》わせながら幼い房枝に語りかけます。

「女に生まれたのが因果《いんが》だから……」

母はついさきほどまで、ひどい癇癪《かんしゃく》をおこした夫、つまり房枝の父から、暴力を振《ふ》るわれていたのです。

気の短い父は、何かというと機嫌《きげん》を損《そこ》ねて、いつも母につらく当たるのでした。拳《こぶし》で殴《なぐ》られるのはまだましなほうで、ときには、かまどでの煮炊《にたき》きに使う薪《まき》を振り上げた父に追いかけられて、悲鳴をあげながら家中を逃《に》げ惑《まど》うこともありました。

「やめて！　お母ちゃんをいじめないで！」

そんなとき、幼い房枝は小さな両手を広げて、泣きながら母をかばいました。兄や姉たちがいるときには彼らが父をとめてくれましたが、兄姉がいないときに父の癇癪が爆発すると、母を守ってあげられるのは房枝しかいません。

父は、自分の剣幕《けんまく》に怯《おび》えながらも母を守ろうとする子どもたちに遮《さえぎ》られると、次第に怒《おこ》る気力を失ってプイと家の外に出て行くか、あるいはブツブツと文句を言いながらふて寝《ね》を決め込《こ》みました。こうして、市川家はふたたび束《つか》の間《ま》の静けさを取り戻すのです。

程度の差こそあれ、このような理不尽《りふじん》な暴力も、当時の農村では決して珍《めずら》しいことではありませんでした。明治という時代において、結婚《けっこん》はまったく対等なものではなかったのです。女性はいったん生家を出ると、夫たる男性の「家」の所有物のように扱《あつか》われ、家事、労働、出産、育児、介護《かいご》に忙殺《ぼうさつ》され続けて一生を終えるのが当然の義務だと考えられていました。

しかし、母の涙にまつわる悲しい光景の記憶は、大人になった後も房枝の心の真ん中に、まるで古鍋《ふるなべ》の底にこびりついた、しつこい焦《こ》げのような暗い影《かげ》を落とし続けたのでした。

母は房枝に向かって、独り言のように言っていました。

「お父さんは癇癪持ちだから、いつもいつも私に無理ばかりを言って……。今まで何度、実家に帰ろうと思ったことか知れないよ……それでも、お腹《なか》を痛めて産んだおまえたちが可愛《かわい》いから我慢《がまん》しているのだよ、女に生まれたのが因果だから……」

「因果」というのは仏教の考え方で、この場合は、女に生まれ、このような仕打ちをうけることが、逃《のが》れられない運命のようなことを意味しています。

母は、夫から理不尽な暴力を受けるのも、自分が女に生まれたから仕方のないことなのだと、むりやり自分を納得させて耐《た》え忍《しの》ぶ日々を送っていたのでした。

ところが、幼い房枝には納得がいきません。

（なんで、女だけが我慢しなけりゃいけないいんだろう？　なんで、女に生まれたのが「いんが」なんだろう？）

この時期に抱《かか》えていた理不尽な男女差に関する憤《いきどお》りや、繰《く》り返《かえ》し聞かされて育った母の嘆《なげ》き、いわば「女の悲しみ」への疑問こそが、その後、数十年にわたっていろいろなかたちで実を結ぶことになる房枝の女性解放運動の原点となったのです。

郷里の農村風景

市川房枝は一八九三（明治二六）年、愛知県中島郡明地《めいち》村（現在の一宮市）の農家である市川家に、男二人女四人の兄弟姉妹の三女として産声《うぶごえ》をあげました。

この明治二十六年という年は、日清《にっしん》戦争が始まる前の年にあたり、また、女性の政治活動を禁止する「集会及《および》政社法」が公布されてから三年後でもありました。

じつは明治初期において、すでに男女同権を説く幾人《いくにん》かの思想家たちがいました。さらにその後、民主的な政治のあり方を求めようとする自由民権運動の潮流の中で、女性参政権の必要性に関する演説が行われることもありました。

しかし明治維新《いしん》以降、西欧《せいおう》の列強各国の脅威《きょうい》を強く意識するようになっていた日本の政府にとっては、富国強兵こそが最優先の課題でした。富国強兵というのは、国の経済力を上げて軍事力を増す政策のことです。

発足してまだ日の浅い頃の明治新政府は、国民に対して、権利を保障するよりも先に、納税などの義務を果たして国力の増強に役立つよう、強く要求していました。そして、房枝が生まれた当時も、基本的に国の姿勢は変わっていませんでした。

こうした状況《じょうきょう》の下《もと》で、政府は、当然、国民が国家に対してその権利を主張してくるような、自由な動きを望んでいませんでした。国民による政治活動を常に注視し、なんとかしてこれを抑《おさ》えつけようとしていました。

明治政府は、国民による新たな思想の息吹《いぶ》きが、自分たちの行う政治の障害になることを危惧《きぐ》していたのです。女性の政治参加も、政府が望まない動きのひとつでした。そこで政府は、徐々《じょじょ》に女性が政治活動を行えないような法律を制定して、がんじがらめにしていったのです。「集会及政社法」は、そのひとつでした。日本の女性にとっていろいろな意味で逆風の吹く厳しい時代に、房枝は生を享《う》けたことになります。

はじめに付けられた名前は「ふさゑ」（ふさえ）でした。

「房枝」の字は、後になってから自分で付けたものです。「房江」という漢字を使っていた時期もありましたが、最終的には「房枝」に落ち着きました。

幼い頃、村では「ふうさ」、「ふうさま」などと呼ばれていました。

市川家は、肥沃《ひよく》な濃尾《のうび》平野の中に位置する木曾《きそ》川沿いの農村にあり、畑ではよい作物を育てることができました。地主ではなかったものの、地主のもとで農業を行う小作でもなく、自らの土地で農業を行って生計を立てる、いわゆる自作農でした。

ときによって作る作物の種類は違《ちが》いましたが、市川家では主に野菜や米を作ったり、蚕《かいこ》を育てて絹糸《きぬいと》を紡《つむ》いだりしていました。房枝は、朝ご飯には薩摩《さつま》芋《いも》のおかゆを食べ、夜は少々の白米に里芋や大根を混ぜて作った雑炊《ぞうすい》を食べていました。学校に持っていくお弁当でだけ、白いご飯を食べることが許されました。

今と違ってかつては白飯も、ひとつの贅沢《ぜいたく》品だったのです。お弁当に白飯を入れてくれたのは、学校での房枝のことを思っての、母の配慮《はいりょ》だったはずです。

畑でとれた野菜をふんだんに使ったおかゆや雑炊が毎日食べられるのですから、当時の農家としては、とくに恵《めぐ》まれた家庭とは言えないまでも、悪くない食生活を送っている市川家でした。それも、滋養《じよう》に恵まれた良質の大地で畑を作り、真面目《まじめ》に働く両親がいたお陰《かげ》でした。

大根や芋を食べて、すくすくと育った房枝は、お転婆《てんば》な子どもになりました。

房枝は姉に連れられて、よく母の実家に遊びに行っていました。その途中《とちゅう》の道で、川に立てられた杭《くい》に登って遊んでいるとき、滑《すべ》り落ちて濡《ぬ》れ鼠《ねずみ》になったこともあります。ほかには、木登りをしたり、二本の立木の間に竹の棒をわたして鉄棒のようにして遊んだりもしました。村の男の子たちと変わらない、やんちゃな遊びを好む元気な子どもでした。

母に厳しい一方で教育熱心な父

さて、房枝の父である藤九郎《とうくろう》は、一八四八（嘉永《かえい》元）年生まれで、いっとき商売をしたこともあるものの、基本的には勤勉な農夫として一生を過ごしました。

母のたつは一八五九（安政六）年、藤九郎の隣村《りんそん》の農家に生まれ、十九歳《さい》のときに、十一歳年上の藤九郎のもとに嫁入《よめい》りしました。

藤九郎は気が短く癇癪持ちで、たびたび妻に当たり散らしていましたが、だからといって家庭を省《かえり》みないで酒や博打《ばくち》、女遊びなどにうつつを抜かすことはなく、普段《ふだん》はいたって真面目な性格でした。そして、子どもたちにとっては優《やさ》しく、面倒《めんどう》見のいい父でもありました。

藤九郎は、自分の生業《なりわい》である農業に否定的でした。

「俺《おれ》は学問をしなかったから、しょうがなく百姓《ひゃくしょう》などをやっているのだ。百姓など、たわけ（馬鹿者《ばか》）がやる仕事だ。だから、お前たちは勉強をして、百姓などにはなるな。そのために、俺が一生懸命《けんめい》に働いて、行きたい学校に行かせてやる」

父は自虐的《じぎゃく》にこう言って、常に家業に精を出すだけでなく、ときには借金をしたり貸家を売ったりしてまで、子どもたちが勉強するための費用を捻出《ねんしゅつ》していました。当時の農家には珍しいほどの教育熱心だったのです。また、女らしくしろ、などとうるさいことを言うことも一切《いっさい》なく、一生懸命に学問をするよう教育していました。

その甲斐《かい》あって、たとえば房枝の長兄は、郷里で小学校の先生を務めてから、東京にある政治学校に入学し、房枝が小学生だった頃にアメリカに渡《わた》り大学へと進学しました。また、長姉は奈良《なら》の女子高等師範《しはん》学校へ進学し、妹は名古屋の淑徳《しゅくとく》女学校を出た後にアメリカに住んでいた日本人と結婚して、やはり渡米《とべい》しています。

当時、房枝の村の女の子たちは、四年制の尋常《じんじょう》小学校（現在の小学校一年生から四年生の学齢《がくれい》に相当）を出るだけの場合も少なくありませんでした。もう少し勉強するとしても、その後でやはり四年制の高等小学校（現在の小学校五年生から中学校二年生の学齢に相当）に進学するのがせいぜいでした。いずれにしても、卒業後は、家の手伝いなどを経てから近所の農家に嫁に行く、といった選択肢《せんたくし》くらいしかありませんでした。それに比べると、市川家がいかに先進的な考えを持った家であったかがうかがえます。

徳川幕府が世を治めた江戸時代が終わって明治時代が始まるのは、西暦で言うと一八六八年。房枝の両親はどちらもそれ以前に生まれています。つまり、幕末の生まれです。具体的には、明治元年に父の藤九郎は二十歳、母のたつは九歳でした。

つまり房枝の両親は、日本の鎖国《さこく》が解かれて、世界の情報が一気になだれ込んでくる大転換期《だいてんかんき》を経験していたことになります。

しかしちょっと考えてみれば当然のことなのですが、明治時代のはじめに青年期を過ごしていた人たちは、江戸時代に生まれ、江戸の空気の中でものごころがついた人たちだったわけです。ともすれば、江戸時代からの考え方をほとんどそのまま引きずっている。そうして生活している人もたくさんいる農村の中で、市川家は、かなり変わっていました。

息子《むすこ》だけでなく娘《むすめ》たちにまで学問をさせている市川家は、たびたび村の人々の噂《うわさ》に上り、笑い者になっていましたが、当時の時代背景を考えれば、それも無理のないことなのでした。

では、どうして房枝の父は子どもたちの教育に、ここまで熱心だったのでしょう。

もしかしたら藤九郎は、自分も学問をしたかったのではないでしょうか。藤九郎は、もともとは比較的裕福な農家だった市川家の次男でした。しかし明治維新の直後に兄が、「俺はこれから新しい学問を勉強する。そして将来、国の役に立つのだ」と言い残して突然《とつぜん》家を出て行ってしまったので、必然的に家を継《つ》がなければならなくなりました。

その後、藤九郎は父と一緒《いっしょ》に染物に使われる藍玉《あいだま》を売る商売に手を出しましたが、うまくいきませんでした。また、長男の代わりに家を継いだ藤九郎は市川一族の本家当主に当たる重要な立場になっていましたが、金銭問題で親族との間に訴訟《そしょう》が起き、それが長引いて、次第に財産を失っていきました。

最後には勝訴とはなったものの、その時にはすっかり貧乏になっており、農夫として地に足を着けた生活を送っていく道を選ばざるを得なかったのでした。

藤九郎は、本来なら家を継ぐべきだった兄が、勉強を理由に家を出て自由に過ごしていることを、羨《うらや》ましく思っていたのでしょう。こんなはずではなかったという思いが妻への癇癪となって現れたのかもしれません。そして、漠然《ばくぜん》とした学問への憧《あこが》れや、他の職業への憧れを、子どもたちに託《たく》していたのかもしれません。

一方たつは、当時の農家の女性がたいがいそうであったように、無学で文字が読めませんでした。そして藤九郎の母、つまり房枝の祖母は、江戸時代に武家屋敷《やしき》での女中奉公《ぼうこう》を通して文字の読み書きを学んでおり、当時の農村の女性としては学のある人だったため、ことあるごとに、たつの無学をいじめるのでした。

しかも、たつが藤九郎のもとに嫁《とつ》いだ頃には、藤九郎の姉妹二人が子どもを連れて実家に里帰りしており、姑《しゅうとめ》や小姑《こじゅうと》たちに囲まれた新婚のたつは最初から、どこにも居場所のない辛《つら》い思いを強いられていました。

しかし、たつはこうした環境《かんきょう》を耐え忍び、子どもたちを立派に育て上げました。たつはとても理性的で、万事に辛抱《しんぼう》強く努める人だったのです。文字が読めない代わりに記憶力に優《すぐ》れていて、当時、数軒《けん》に貸していた貸家の家賃がいくら溜《た》まっているのかなどは、すべて暗記していました。また、たつは娘時代から機織《はたお》りの名人で、房枝たちも、子どもの頃は母が手織りした着物を着て育ちました。たつは、辛い環境にいることを一瞬《いっしゅん》でも忘れようとするかのように、いつも何かしらの仕事を見つけてはせっせと手を動かしていました。

とにかく父も母も、非常に勤勉だったのです。

学校嫌いだった頃

房枝は六歳のとき、村の尋常小学校に入学しました。

最初の授業で先生は、黒板に○、△、□を書きました。

「これはそれぞれ何と読むのでしょうか？」

「ハイ！」「ハイ！」「ハイ！」

教室にいるほとんどの生徒が手をあげました。答えは当然、まる、さんかく、しかく、です。

しかし、房枝は答えが分からなかったので、手をあげることもせずに無言でうつむくだけで、初日から恥《は》ずかしい思いをしました。家では誰《だれ》もこうしたことを教えてくれず、具体的な勉強の内容に関してはほったらかしで育っていたのです。

初日から出鼻をくじかれてしまったこともあり、房枝は、どうしても学校の雰囲気《ふんいき》に馴染《なじ》むことができませんでした。

「あーあ、嫌《いや》になっちゃった……」

いつまで経《た》っても友だちのできない房枝は、学校からの帰り道に独り言をつぶやきました。心の中で思っていたことを、いったん声に出してしまうと、本当に学校に行くのが嫌で嫌でたまらなくなってきました。そして気が付けば、もう一言、独り言をつぶやいていたのです。

「よし！　もう行かない！」

房枝は、良くも悪くも頑固《がんこ》な子どもでした。そして、妙《みょう》なところで人並み外れた行動力を発揮する子でもありました。

翌日から房枝は、お弁当を持って家を出たあとで、隣《となり》の納屋《なや》に隠《かく》れたまま学校に行っているふりをして時間つぶしをしたり、山へ椎《しい》の実を拾いに行ったりして、授業をさぼるようになりました。

一人で過ごす時間は、決して苦ではありませんでした。納屋に隠れているのも冒険《ぼうけん》みたいでワクワクしたし、花が好きな房枝にとっては、山でいろいろな草花を見つける時間も楽しいものでした。

（仲の良くない人たちと学校の椅子《いす》に座っているより、一人で山に入って遊んでいる方がよっぽど楽しいや……）

しかし当然、房枝が学校に行っていないことは、母にはあっという間にバレてしまったのでした。大いに叱《しか》られて、再び学校に通いはじめましたが、それで学校を好きになったわけではありません。

房枝は、いまひとつ学校生活に馴染めないまま尋常小学校を四年で卒業し、高等小学校に進学することになりました。

勤勉に働く両親の背中を見て育った房枝は、家から一里半（約六キロメートル）ほど離《はな》れたところにある高等小学校に入学した十歳の頃から、家業の手伝いにおける即《そく》戦力として、だいぶ役に立つようになってきました。

毎日、学校から帰ったあとで、卵をとるために飼っている鶏《にわとり》の世話をしたり、畑に行って草とりなどを手伝っていたのです。両親のもとで家業を手伝ううちに、房枝の体には次第に、常に体を動かすという、農作業に不可欠である勤勉な生活リズムが染《し》み込んでいきました。

こんなことがありました。当時、国内で流行《はや》りはじめていた馬鈴薯《ばれいしよ》（ジャガイモ）に目をつけた父は、これをたくさん作って種《たね》イモとして自宅で売ったり、名古屋の料理店に売りに行ったりもしていました。それを房江ひとりでやりとげたのです。

まだ夜が明けないうちに、大八車《だいはちぐるま》(リヤカー)一杯《いっぱい》にジャガイモを積んで、幼い房枝は、名古屋の西洋料理店まで約五里(二十キロメートル弱)の道のりを、たった一人で数時間かけて、歩いて引っ張っていったのです。このときは、料理店の女主人から大いに褒《ほ》められました。そして、店の中を見学させてもらい、うどん屋で食事まで御馳走《ごちそう》になって、大八車は店の若い衆に後で家に届《とど》けてもらい、房枝は最後には車で家に送ってもらったのでした。

読書に目覚める

高等小学校では、はじめて同級生とも仲良くなりました。同級生の友だちを集めて、書初《かきぞ》め会を開いたりもしました。尋常小学校の頃、あれだけ嫌だった学校が、いつの間にか楽しいものに変わっていました。

友だちとお気に入りの本を貸し借りしながら、読書の習慣を持つようにもなりました。当時読んでいた子ども向けの雑誌に、俳句を投稿して掲載《けいさい》されたこともあります。

同級生の女の子から勧《すす》められて、徳冨蘆花《とくとみろか》の『不如帰《ふにょき》』という、大人向けに書かれた小説も読んでみました。生まれてはじめて読んだ小説でした。

この小説では、若い二人の幸せな結婚生活が、次第に崩壊《ほうかい》に向かっていきます。夫は日清戦争の戦地に赴《おもむ》き、残された妻は、当時、不治の病だった結核《けっかく》にかかって、ふたたび夫に会うことを念じながらだんだんと衰弱《すいじゃく》していくのです。さらには、嫁の病気を理由にして、意地悪な姑が離婚を迫《せま》り、夫に会えないまま失意のうちに妻が死んでいく。当時大流行した小説です。

しかし房枝は、このメロドラマじみた小説を面白いとは感じませんでした。それより、当時流行していた冒険小説を読んでみると、とても面白く感じたのでした。

この頃、房枝が読んでいたのは、巌谷《いわや》小波《さざなみ》という人気童話作家が主筆を勤めていた雑誌『少年世界』などでした。当時の少年向け雑誌にはたびたび、『十五少年漂流記』に代表されるような、海外の冒険小説が翻訳《ほんやく》され掲載されていました。房枝は、こうした冒険小説や、それらをお手本にして発展した日本の作家が書いた冒険小説をよく読んでいました。

房枝は、血湧《わ》き肉躍《おど》る物語が好きでした。虐《しいた》げられながら、なすすべ無く死んでいく女性に感情移入して、涙するような性格ではありませんでした。耐え忍び、その果てに死に至る女の人生なんて、房枝にとっては見慣れた日常の風景。だから全然魅力《みりょく》がなかったのです。少年たちが広い世界に飛び出して、次々に訪れる苦難を乗り越《こ》えていく冒険物語のほうが、房枝の目にはずっとずっと魅力的だったのでした。

早く日本の外に出て、いろんなものを見てみたい。房枝は冒険小説を読みながら、そう思うようになっていました。房枝が高等小学校にいた頃、長兄はアメリカへ行っており、房枝にとっての海外は、必ずしも遠い夢物語の舞台《ぶたい》ではなかったのです。

ただし、これは房枝自身も気付いていなかったことですが、彼女がつまらないと感じていた徳冨蘆花の『不如帰』にも、たいへん興味深い一節が含《ふく》まれていました。

小説の中で、次々と悲劇に見舞《みま》われるヒロインは、次のような台詞《せりふ》を口にします。

「ああ辛い！　辛い！　最早《もう》――最早婦人《おんな》なんぞに――生れはしませんよ。――苦しい！」

房枝が生まれてはじめて読んだこの小説には、ある意味で、母が幼い房枝の心に刻み込んだ「女に生まれたのが因果だから……」という「女の悲しみ」と繫《つな》がるような、印象的な台詞が含まれていたのでした。

第二章　怖いもの知らずの少女

アメリカ留学を志すも失敗

房枝《ふさえ》は、家業を手伝いながら高等小学校を卒業しました。同級生の大部分は卒業後に家業を手伝うことになりましたが、女学校や師範《しはん》学校に進学する人もいました。

房枝には、次姉のいる岡崎《おかざき》の第二師範学校女子部（現在の愛知教育大学）に進む道もありました。しかし、房枝はその道を選びたくありませんでした。

年の離《はな》れた長兄、長姉には頭の上がらない房枝でしたが、次姉とはわりと年齢《ねんれい》も近く、張り合うような気持ちがありました。次姉の着物や道具のお下がりをもらうのも、常々、なんだか面白くなく感じていた房枝でした。

具体的な進学先の希望はないながらも、第二師範以外の、どこかしらの学校に進学して更《さら》に勉強を続けたかったのです。そこで、その旨《むね》を記した相談の手紙を、アメリカで日系の新聞の立ち上げに携《たずさ》わっている長兄の藤市《とういち》に出しました。

すると藤市は、「お前がアメリカに来れば勉強をさせてやれるから、役場に渡米《とべい》願いを出しなさい」という返事をよこしました。海外に憧《あこが》れていた房枝は、これを読んで、すぐさまアメリカ行きを決意します。そして、それを両親に伝えると、両親もとくに反対はしませんでした。

一九〇七（明治四〇）年、房枝は十四歳《さい》でした。

明治四〇年代という時代背景と、十四歳という房枝の年齢を考えあわせると、長兄の藤市が渡米を勧《すす》めてきたこと、房枝がそれに従おうとしたこと、両親が反対しなかったこと、これらすべてに驚《おどろ》かされます。

この頃《ころ》、一般《いっぱん》の日本人にとって海外は、物理的にも精神的にもはるか遠くにあるものでした。そのうえ、海外事情に関する情報はごく限られていました。

渡米前に現地の情報が充分《じゅうぶん》に得られるわけでもありませんし、日本とアメリカとの連絡も、船便で運ぶ手紙を介《かい》するほかないのですから、時間もかかります。女性が高等教育機関に進学することすら珍《めずら》しかった時代、幼い少女を一人で海外に送り出そうというのは、破天荒《はてんこう》とも言える発想でした。

やはり父にせよ兄にせよ、市川家の人々は常識に捉《とら》われない、かなり先進的で独創的な考えを持っていたと言わざるを得ないでしょう。

さて、両親の許しを得た房枝は、一人で村役場へ出かけて行って「渡米願い」の書類の書き方を教わり、独力で書き上げて提出しました。

しばらくすると、一里半（約六キロメートル）ほど離れたところにある警察署から、渡米の手続きに関しての呼び出し状が届きました。両親は常に農作業で手がふさがっている状態なので、このときも、やはり房枝が一人で向かいました。房枝が警察署に行くのは、これがはじめてのことでした。

警察署では矢継《やつ》ぎ早《ばや》に、いろいろな質問をされました。

「……本当に、お前が一人で行く気なのか？」

「ハイ」

「大胆《だいたん》な娘《むすめ》だなあ！」

いったい何が大胆なのか、一人だと何か問題があるのか、房枝にはさっぱり分からないので、ただただキョトンとするばかりでした。

自分が関わるものごとに関して、よく知らないとか、深く考えないというのは、普《ふ》通《つう》は、あまり褒《ほ》められたことではありません。しかし時には、こうした「怖《こわ》いもの知らず」の行動力が、大きなことを成《な》し遂《と》げるバネになったりもします。十四歳の房枝はすでに、万事に物怖《ものお》じせず、思い立ったらとにかくすばやく行動に移すという、その後の活動のあり方にも繋《つな》がるような、一本気な性格に育っていたのです。

しかし、せっかく兄が勧めてくれ、自分でも乗り気になったアメリカ行きの計画でしたが、警察は、保護者の同行なしで、十四歳の女の子が一人で渡米することを許可してはくれませんでした。

結局、この時の渡米計画は白紙に戻《もど》り、また同時に、国内での進学時期も逃《のが》してしまいました。

房枝は頭を切り替えて、ひとまずこの年を実家で過ごすことに決めました。

家業を手伝っていたこの時期、学校にこそ行っていませんでしたが、房枝は空いた時間を使ってはたくさんの本を読んでいました。なけなしの小遣《こづか》いをはたいて買った女性向けの教養雑誌『女学世界』には、女学校や、寄宿舎生活に関する情報が載《の》っていました。

〈都会の学校に行っていろんなことを勉強したいなあ……〉。寄宿舎の共同生活も、な

んだか楽しそうだなあ）

日中の労働のせいで、洗っても洗っても土の汚《よご》れが落ちない節くれ立った黒い指でページを繰《く》りながら、房枝はきらびやかな寄宿舎の生活に憧れを持ちはじめていました。

また、貸本屋という、本を貸してくれる店に通って小説を借りてくると、毎晩、ランプの灯《あか》りのもとで読みふけりました。この頃読んでいたのは、小杉天外《こすぎてんがい》『魔風恋風《まかぜこいかぜ》』や、菊池幽芳《きくちゆうほう》『己《おの》が罪《つみ》』など。二作とも当時のベストセラーです。

『魔風恋風』はもともと、一九〇三（明治三六）年に読売新聞に連載されていた小説です。帝国女子学院に通う主人公の初野は、帝大（帝国大学、いまの東京大学）法科の学生である東吾《とうご》に恋心を抱《いだ》いています。しかし、東吾には芳江《よしえ》という許嫁《いいなずけ》（婚約者）がいて、しかも彼女は初野を姉のように慕《した》っている。三角関係に悩んだ初野は、東吾と芳江が結ばれることを望みながら急死してしまうという悲恋物語です。

『己が罪』は、一八九九（明治三二）年から翌年にかけて大阪毎日新聞に連載されていた小説で、こちらの主人公も、やはり女性です。大阪の豪農《ごうのう》の娘、環《たまき》は女学校に通っている頃に医学生に騙《だま》されて同棲《どうせい》生活を送ったのち、自殺未遂《みすい》を経て男の子を出産します。そして、この子を養子に出したのち、過去を隠《かく》して社会的地位の高い子爵《ししやく》と結婚する。子爵との間にも男の子をもうけますが、この子が、保養で訪れた徳島で、漁師の子どもと一緒《いっしょ》に溺死《できし》してしまいます。この漁師の子どもは、じつは環が最初に産んだ子で、環はこのときはじめて夫にすべてを告白する、という物語でした。

毎日真っ黒になって働いている房枝は、都会の学校生活への憧れとともに、次第に恋愛にも興味を持ちはじめていたようです。そして、徳冨蘆花《とくとみろか》の『不如帰《ふじょき》』を読んでいたときには、まだピンと来ていなかった、男女の心の機微《きび》を描《えが》く小説の面白さも、ようやく分かってきたのでした。

たった一人での上京

日中は家業を手伝い、夜になると本を乱読しながら、房枝は、来年はどこの学校に進学しようかとずっと考えていました。そして、雑誌で見て漠然《ばくぜん》とした憧れを抱いていた東京のある女学校に目星をつけると、またもやアメリカにいる兄の藤市に、手紙でその学校に進みたいと伝えました。

しばらくすると兄から、「東京に住んでいる田阪貞雄《たさかさだお》君という弁護士の友人に世話を頼《たの》んだので、その人を頼《たよ》って上京するように」という返事が届きます。房枝が今も一番頼りにしているのは、遠く離れたアメリカにいる兄なのでした。そして藤市の返事を見た父は、東京に出るための汽車賃と、東京での当面の生活費を用意してくれました。

こうした費用を捻出《ねんしゅつ》するのは決して楽なことではなかったはずです。しかし父は、子どもが勉強したいというのであれば、いつもその望みを叶《かな》えるために隠れた努力を惜《お》しみませんでした。

父のおかげで、とりあえず費用の心配はなくなりました。ですが、上京した際に、どうやって見知らぬ兄の友人を探せばよいのでしょうか。自分の顔写真でも送りたいと思いましたが、当時、もちろん市川家には写真機（カメラ）などありません。そこで房枝は、「上京します」という手紙をその人に送るとき、母が手織りしてくれた着物の布端《きれはし》を同封《どうふう》することにしました。そして「この布端と同じ柄《がら》の着物を着ていきます」と手紙に書いたのでした。

田阪からは折り返し、「当日、汽車が新橋駅に着いても、すぐには改札口を出ないように。同じ汽車に乗ってきた乗客が全員、改札口を出るのを待ってから、一番最後に出てきなさい」という返事がきました。すれ違《ちが》って、房枝を迷子《まいご》にしてしまう確率を、なるべく低くするためです。

こうして房枝は、はじめて一人で汽車に乗り込《こ》みました。お転婆《てんば》で物怖じしない性格の房枝ではありましたが、はじめて一人で乗る汽車、しかも行き先は大都会「東京」なのですから、緊張《きんちょう》しないわけがありません。

「元気でやってこい」

ぶっきらぼうながらも優《やさ》しく送り出してくれた父の言葉が、込み合った車内で一人ぼっちを痛感する房枝の脳裏《のうり》に何度もよぎりました。みじろぎもせず車窓を眺《なが》めるうち、だんだんと風景は田舎《いなか》から都会のものへと変わり、やがて汽車は新橋駅に到着しました。

季節は三月の半ばでしたが、新橋駅はごった返す多くの人々の体温でむっとしており、心なしか景色《けしき》にも霞《かすみ》がかかっているようでした。

競うように改札を出て行く客のあとを、緊張しながら、房枝はゆっくり歩いていきました。すると真横から、「房枝君、だね？」という落ち着いた低い声がしました。

振《ふ》り向くと、兄の友人だというヒゲの紳士《しんし》、田阪がにこやかな笑顔で出迎《でむか》えてくれたのです。

房枝は、心底ほっとした気持ちになりました。

四カ月の女子学院生活

東京で弁護士をしている田阪は、房枝を麴町《こうじまち》の自宅に案内すると、奥さんと赤ちゃんとを紹介《しょうかい》してくれました。そして房枝は、この家の玄関脇《げんかんわき》にあった三畳《じょう》の部屋に居《い》候《そうろう》することになったのです。

この日から、田阪の妻が作ってくれる食事を、家族と一緒にいただく生活が始まりました。実家を離れて生活するのは房枝にとって初めての経験です。しかし、田阪もその妻も、房枝を優しく迎えてくれたので、あまり不安を感じることもなく、東京での新生活に馴染《なじ》んでゆきました。

東京に来てまもなくのこと、目的だった三輪田高等女学校の、三年生になるための補欠試験を受けに行きました。高等小学校を卒業してから女学校に進む場合は、三年からの編入になるのです。

しかし、筆記試験と口頭試問の結果、名門、三輪田女学校の受験には落第してしまいました。具体的な受験準備をしなかったことを思えば、仕方のないことでした。しかし、落ち込んでいる暇《ひま》はありません。別の入学先を探して、とにかく勉強をはじめなければなりません。

具体的にどこへ進学するべきかと考えていたとき、隣家《りんけ》の主人の妹が、自分の出身校である女子学院を勧めてくれました。そして、女性解放運動家としても知られていた矢嶋楫子《やじまかじこ》校長への紹介状を書いてくれました。

兄が培《つちか》っていた「友人」という名の血の通った人脈と、その周囲の人々の親切さは、はじめての東京で心細い思いを抱いて暮らす房枝にとって、とてもありがたいものでした。

今度は、周囲の人々の助言もあって、受験の準備も充分にできました。そして試験の結果、房枝は首尾よく女子学院に合格することができました。

女子学院は、キリスト教系のミッションスクールです。カリキュラムは、午前中が聖書や英語に関する各種の授業、午後が国語や数学などの授業でした。授業自体はとても新鮮《しんせん》で、面白いものでした。けれども房枝は、お弁当を食べる前と授業の後に皆《みんな》ですることになっている礼拝の時間が嫌《いや》でたまりませんでした。

（嫌だなあ、それに面倒臭《めんどうくさ》いなあ）

房枝はこっそりと授業後の礼拝をさぼって、午後四時から始まる、女学校の国語の先生を養成する別の学校に通うようになりました。ところが、毎日、いつの間にか早退し続けているのですから、やがて、礼拝をさぼっていることが先生にばれてしまい、叱《しか》られてしまいます。

「すみませんでした。明日からはきちんと出席いたします」

表向きは謝罪しましたが、本当のところ、まったく反省も納得もしていませんでした。

加えて、兄が送ってくれることになっていた学資金がなかなか届きません。父が持たせてくれたお金もだんだん心許《こころもと》なくなってきました。そこで房枝は、新聞の求人欄《らん》を見てアルバイトを探し、亡《な》くなった人の法名《ほうみょう》を筆写する、お寺の法事にかかわる仕事を見つけると、学校から帰った後でせっせと内職に精を出しました。しかし、これも手間がかかるばかりで大した収入は得られず、そのうちに止《や》めてしまいました。

学費や生活費のことで、もうこれ以上、両親に迷惑《めいわく》をかけるわけにはいかないと房枝は考えました。加えて、礼拝で叱られた一件から、女子学院の学校生活も気乗りがしなくなっていました。

(こんな学校に通うよりも、いちど家に戻って家計の助けになる仕事をしよう)

房枝は、手紙で家に連絡をとると、「ハハビョウキカエレ」(母、病気。帰れ)という嘘《うそ》の電報を打ってくれるよう頼みました。

こうして、房枝はあんなに憧れてアメリカの兄に頼ってまで実現した夢にあっさり見切りをつけ、さっさと田舎に帰ってしまいました。たった四カ月の、女子学院生活でした。

わずか十四、五歳でアメリカ行きを計画したことや、東京行きを実現させたことからも分かるように、すでにこの頃の房枝には、大人顔負けの勇気と行動力がありました。ただ、まだ行動力と判断力のバランスがとれていませんでした。

そんな、ぐらぐらとした頭でっかちのバランスで過ごす都会の日々の中で、自分が何がしたいのか、房枝はよく分からなくなってしまったのです。

十五歳の代用教員

一九〇八（明治四一）年、帰郷からまもなく、房枝は隣町《となりまち》の尋常《じんじょう》小学校で、代用教員を探していることを知りました。当時の学校制度では、小学校の教員の資格は正教員と准《じゅん》教員に分かれていました。正教員を補助する役割の教員が、准教員です。さらに、その准教員の代わりとして、無資格の者を教員として採用することがありました。これを、代用教員といいます。

房枝は、代用教員として採用され、夏休み明けの九月から働くことになりました。資格を持たないため、五円という安月給での社会人スタートでした。明治四〇年代、白米十キログラムが約一円、巡査《じゅんさ》の月給が十三円でした。

房枝の受け持ちは二年生。尋常小学校の二年生は、今の小学校二年生と同じ学齢です。しかし先生の房枝も、まだまだ幼い十五歳の少女なのでした。今の時代で考えてみれば、中学生が小学二年生を教えているようなものです。それでも、二年生から見れば「先生」に変わりはありません。房枝も子どもたちがかわいくて、一生懸命《けんめい》に勉強を教えました。さらに准教員の講習会にも通って試験にパスし、翌年の二月からは月給が八円になりました。

ところがせっかく試験に受かったのに、房枝は三月いっぱいで教員を辞《や》めてしまいます。そして次姉が卒業するのと入れ替わりに、岡崎の第二師範学校女子部に入学することを決意するのです。東京や名古屋の女学校の三年に編入すると、多くのお金がかかることを考えての選択でした。

進学してすぐに襲われた病魔

房枝が入学した第二師範学校は、小学校の教員を養成する学校でした。当時は、予備科一年を過ごした後に本科四年、という制度になっていました。全寮《ぜんりよう》制で、月謝や寮費は無料。その代わり、卒業後の五年間は、同じ愛知県内の小学校に勤務することが義務づけられていました。

月謝や寮費にお金をかけず、小学校の教員になるための勉強ができるということで、この学校の入学試験の倍率は、非常に高いものでした。房枝は高等小学校を卒業してから二年間のブランクがあったので、本科一年の補欠試験を受けました。そして難関を突破《とっぱ》し無事に合格したのでした。

しかし、入学してすぐ、病魔《びょうま》が房枝を襲《おそ》います。

当時の日本人がよく患《わずら》っていた「脚気《かっけ》」でした。房枝は病気療養《りょうよう》のため、仕方なく、夏休みの前に学校の寄宿舎から実家へ帰省しました。朝露《あさつゆ》に濡《ぬ》れると脚気がよくなると聞いて、杖《つえ》をつきつつ、転びながら田んぼの畝《うね》を歩いたりもしました。

（なんだか、おばあさんになっちゃったみたい……）

思うように動かない自分の足腰《あしこし》をもてあまして、房枝はため息をつきました。

脚気の原因はビタミンB1の不足です。末梢《まっしょう》神経不随《ふずい》や心不全などの症状《しょうじょう》が出て、歩行が困難になり、ひどい場合には死に至ります。当時、脚気は結核《けっかく》と並んで、二大国民病のひとつと言われていました。それほど、多くの患者《かんじゃ》がいたのです。白米の普《ふ》及《きゅう》で、精米で失われる胚芽《はいが》に多く含《ふく》まれていたビタミンB1の摂取《せっしゅ》量が減ったため、という説が一般的ですが、この頃はまだ、はっきりした原因も対処法も分かっていませんでした。

朝露に濡れたところで、もちろん脚気に効果はなく、次第に房枝の症状は悪化していきます。脚《あし》のしびれはやがてお腹《なか》にまで達し、歩くことすらできなくなりました。

(ひょっとして、このまま死んじゃったりするのかな?)

誰《だれ》もいない早朝の陽光の中でふとそんなことを思って、ぞっとすることもありました。

不安になった房枝は、忙《いそが》しい仕事の手を休めて病床に伏《ふ》す娘の様子を見にきてくれた母親に話しかけました。

「……ねぇ、お母《かあ》ちゃん。わたし……」

「滅多《めった》なこと考えるんじゃないよ、馬鹿《ばか》だね。すぐによくなるからお粥《かゆ》食べて大人《おとな》しくしといで!」

母は、房枝が心身ともに弱っていることに気が付いていたのでした。

母が自分の不安に気付いてくれていることが分かっただけで、房枝の心はだいぶ落ち着きを取り戻しました。そして秋が訪れる頃になると、次第に症状が回復してきました。きっと田舎の食生活が、気付かないうちにビタミンB_1を補給してくれていたのでしょう。

こうして、房枝は寄宿舎に戻りました。しかし、この後もしばらくの間、房枝は夏になるたびに脚気に悩《なや》まされることになります。人の体内にあるビタミンB_1は、気温の高さに比例して消費されます。そのため、夏に脚気の発症率が高まるのです。それでも、年を追うごとに房枝の脚気の症状は軽くなっていき、徐々《じょじょ》に健康を取り戻していきました。そして、憧れのテニスや、卓球などのスポーツに励《はげ》むようになりました。弓道《きゅうどう》部にも参加しました。

学校の成績もよく、級長を務めたこともありました。ようやく落ち着いて勉強できる場を得て、新たな知識を吸収し、それをもとに物事について考えを巡《めぐ》らせるということが、楽しくて仕方なかったのです。とくに成績がよかったのは数学や理科、苦手だったのは音楽、家事、裁縫《さいほう》でした。

不穏な時代の、充実した学生生活

房枝が師範学校に通っていた明治四〇年代前半には、日韓併合《にっかんへいごう》や大逆事件など、国内外を騒《さわ》がすさまざまな社会的事件が頻発《ひんぱつ》していました。

日韓併合（韓国併合）というのは、一九一〇（明治四三）年、日本が韓国を併合して、その領土であった朝鮮《ちょうせん》半島を自国の領土に加えたことを指します。当時、中国やロシアも朝鮮半島の領有を狙《ねら》っており、東アジアを中心としたエリアは国際的な緊張関係にあったのです。また大逆事件（幸徳《こうとく》事件）というのは、一九一〇年から翌年にかけて、労働者による政治を目指す社会主義者の幸徳秋水《しゅうすい》らが、明治天皇を暗殺する計画を企《くわだ》てたとして当局に検挙された事件のことです。

当時の「大日本帝国憲法」下において、天皇ら皇族に危害を加えたり、加えようとして実行計画を作ることは「大逆罪」と呼ばれ、死刑などの厳罰《げんばつ》に処されることにな

幸徳秋水（1871－1911）。ジャーナリスト、思想家、無政府主義者。

っていました。そして幸徳秋水ら二十四名は死刑、ほかにも多くの人々が有期刑や無期刑に処されました。

そして、このときの処罰には、計画に直接関係していなかった多数の人々も含まれていました。明治政府は、国家統治に危険とみなした社会主義者や無政府主義者（アナーキスト）たちを、この機会に一掃《いっそう》しようと考えて、実行に移したのです。思想信条に対する弾圧《だんあつ》が力を増してきていました。

明治四〇年代前半というのは、このように、国際的にも国内的にも不穏《ふおん》なムードが立ち込めている時代だったのです。

この頃、一九一一（明治四四）年、のちに房枝が行動をともにすることになる平塚《ひらつか》らいてう（らいちょう）らが『青鞜《せいとう》』を発刊しています。いっぷう変わったこの誌名は、一八世紀のイギリスで起こった知性と教養を誇示《こじ》する新しい女性のグループが、フォーマルな黒いストッキングではなくブルーストッキングをユニフォームのようにしてお揃《そろ》いで穿《は》いていたことに由来するものです。

『青鞜』は、出版の素人《しろうと》ばかりが編集する、日本で初めての、女性による女性のための女性雑誌です。それまでの文芸雑誌は、読み手は女性であっても、作り手の多くが男性だったのです。

若い女性たちが、自分たちの力だけで女性のための文芸同人誌を発刊したことから、世間では彼女たちのことをいろいろと取り沙汰《ざた》していました。

数年前に、教師との間に情死未遂《みすい》事件を起こしたとして新聞でセンセーショナルに書き立てられていた平塚明《はる》は、創刊の辞を書くに際して本名を使うことをためらって、ここではじめて「平塚らいてう」なる筆名を用いました。この、女性の社会参加を求める女性たちの動向は「新しい女」と称されて、その奔放《ほんぽう》さが過度に注目され、世間

『青鞜』創刊号（1911年）

の批判を浴びるようになるのです。

いずれ房枝と深く関わることとなる平塚らいてうですが、この頃の房枝は、こうした社会の激しい動向について、ある程度知ってはいましたが、過敏に反応することもなく、自分の学生生活を謳歌《おうか》していました。かつてはお弁当を持って家を出たまま小学校をさぼったり、せっかく入った女子学院を数カ月で辞めてしまったりしていた房枝でしたが、第二師範学校での寄宿舎生活では、勉強やスポーツにやりがいを見出して、充実したまじめな生活を送っていたのです。

たとえば、寄宿舎では月に一回、各自が好きなテーマを選んで行う、順番制の談話会（スピーチ会）がありました。

友人の期待を背に受けて、房枝はテーマ選びに困っていました。何を選んでもよい分、それが悩みどころでもあったのです。談話会を成功させようと張り切っていた房枝は、外出許可を得ると友人たちと連れ立って本屋に行きました。そして、店頭に並んだ新刊の中から、テーマを選ぶことにしました。もともと本が大好きな房枝は、何冊もの本を読み比べながら、じっくりと立ち読みを続けました。やがて、普段はあまり読まないような、一冊の本が目に留まりました。それは、日本でその頃話題になり始めていた、飛行機に関する本でした。

（そうだ、飛行機について話そう！　これなら、皆とテーマが重なることもない！）

新し物好きの房枝はこの本を買うと、空いた時間を使っては繰り返し読み込みました。

しかし、調べたことをそのまま話したり書いたりしただけでは、うまく人に情報が伝わらないということも、英語の授業で翻訳《ほんやく》文を作った経験などを通して、徐々に分かりはじめていました。そこで、必要な情報を盛り込みながらも、話がむずかしくなりすぎないように気を配りつつ、談話会に必要となる原稿《げんこう》のメモを作りました。授業の合間の時間を使って何度も書き直しをしながら、原稿を読まずに話ができるまで、内容を頭に叩《たた》き込みました。

談話会の本番の日。房枝は、落ち着いて皆の顔を見渡すと、海外における飛行機の歴史から、日本において近年なされた飛行の成功例、飛行機が空を飛ぶメカニズム、さらには今後の日本における発展の可能性について、よどみなく話をしました。工夫《くふう》の甲斐《かい》あって上手に話ができたので、とくに飛行機に興味を持っていなかった同級生も含めて、皆が集中して聞いてくれました。

「いつか、誰もが空を飛べる日がやって来るのです」

房枝は、飛行機についてスピーチしながら、自分が空を飛んで遠い外国へ羽ばたいていくところを想像していました。

日韓併合や大逆事件のあった一九一〇（明治四三）年は、日本で最初に、動力付きの飛行機が空を飛んだ年でもありました。房枝がスピーチをしていた頃は、日本における飛行機の黎明《れいめい》期でした。話題にはなっていましたが、実際のところ飛行機とはどのようなものか知らない人たちに向けて行った房枝のスピーチは、大成功でした。

次に談話会の順番が回ってきたときには、ガラッと趣向《しゅこう》を変えて、江戸時代の国学など、日本の思想史についてスピーチしました。小さい頃に好きになった本居宣長《もとおりのりなが》や平田篤胤《ひらたあつたね》について改めて勉強し直してから話をしたのです。このときも、最初は反応の薄《うす》かった仲間たちが、房枝のスピーチを通して国学に興味を持ってくれました。

師範学校での生活を通して、房枝の考え方には少しずつ変化が訪れました。その背景にはさまざまな人との出会いがありました。

仏教やキリスト教など、さまざまな宗教への抵抗《ていこう》感もなくなりつつありました。そして、数学の先生でキリスト教徒だった小川先生という先生に誘《さそ》われて、岡崎市の教会へと足を運ぶようにもなりました。ある年の冬休みには、英語担当の松岡先生に誘われて自宅に四、五日泊《と》めてもらい、英語の集中講義を受けたこともありました。

また、英語や作法などの先生で、房枝を浪花節《なにわぶし》に連れて行ってくれた千田先生の家にも、春休みに二、三日の間泊めてもらったことがありました。その後、千田先生は東京の学校に転任しますが、休暇《きゅうか》になるたび、房枝は先生を訪ねては泊めてもらっていました。千田先生は国粋《こくすい》主義的な思想の持ち主で、男女関係に厳格な人でしたが、生徒たちからの人望厚い実直な性格の持ち主でした。そして、千田先生と房枝は、なぜかとてもウマが合うのでした。

(世の中にはいろいろな考え方や宗教の人がいるけれど、きっと、どれが正解でどれが間違いというわけでもないんだ……いろんな考え方の人たちと親しく話すなかでこそ、互《たが》いに得られるものもあるんじゃないかな……)

漠然と、そんなことを考えたりもするようになっていました。

良妻賢母教育をめぐって校長と対決

房枝が岡崎の第二師範学校女子部にいたのは、三年生まででした。四年生からは、ほかの学生たちとともに、新しく名古屋に作られた愛知県立女子師範学校という学校に移ることになったのです。

新しい学校の校長は、最初の訓話で、次のようなことを言ったのです。

「女子は良妻賢母《けんぼ》となるべきです。よって、船底の木枕《きまくら》を持参しなさい」

良妻賢母というのは、その字が示している通り、女性はあまねく、夫にとっての良き妻・子どもにとっての賢《かしこ》い母になるべきだという思想で、当時、広く教育の現場で使われていた考え方なのでした。

一見、正しいことのようにも見えますが、近代化以降の日本における「良妻賢母」という考え方の裏を返してみれば、西洋列強に追いつこうと富国強兵（経済力と軍事力を上げる）を推《お》し進める国家政策の流れのなかで、女性は、国家のために次世代の優れた日本人を産んで育てるためにこそ存在する、という意味を持ちあわせていました。要するに、女性は必ず妻や母にならねばならないという考え方であって、女性がそのまま女性であることの意味を軽視しているのともいえます。

それどころか、この校長の言う「良妻賢母」主義の実態は、女は夫や子どもに尽《つ》くすことではじめて価値を持つのであり、だから今のうちから我慢《がまん》を覚えよ、という程度の意味にすぎないものなのでした。

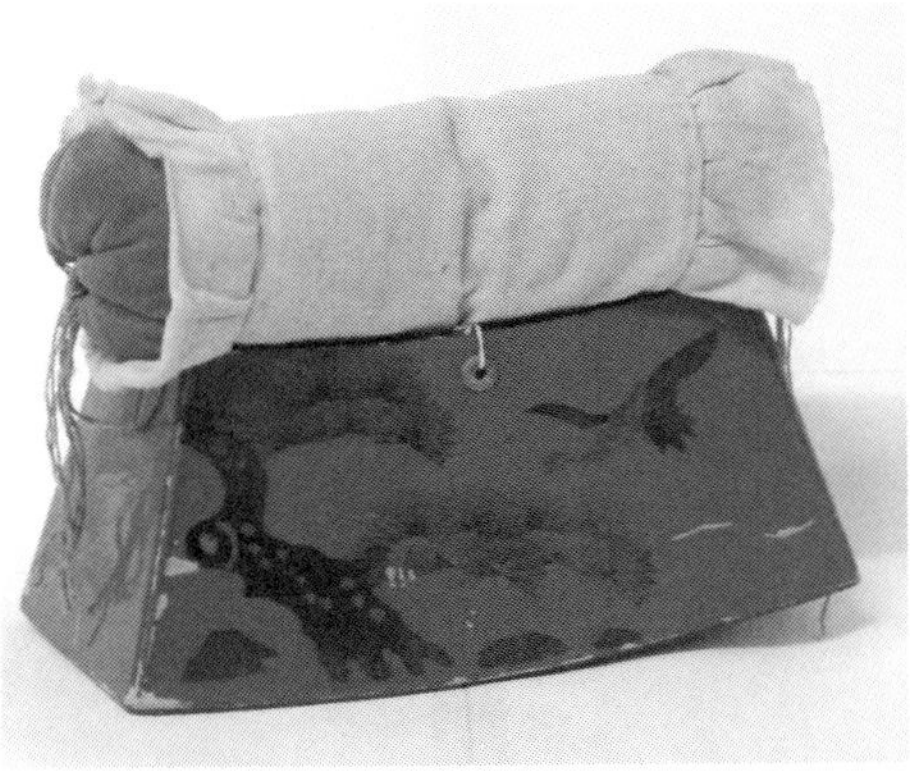

船底枕。箱枕の一種で底部が曲面になっています。

「船底の木枕」とは、江戸の頃から一般的に使われていた木製の枕のこと。底の部分が船底のようにカーブしており、船底枕などとも呼ばれていました。この枕には、結い上げた髷《まげ》が崩《くず》れにくいという利点がありましたが、一方で、材質が硬《かた》いために慣れないと頭が痛くなって寝にくいという欠点がありました。使い勝手が悪く、端的《たんてき》に言って、不便なのです。

どうやら、この不便さを耐え忍べ、というのが校長の主張で、比喩《ひゆ》ではなく本当にこの枕を生徒たちに使わせたのでした。なぜ、良妻賢母になるために木の枕を使う必要があるのでしょうか。房枝には、どうしてもその意味が分かりませんでした。房枝は、座布団で枕を包んで使っていました。

校長の良妻賢母教育は、一事が万事、こんな調子でした。

また、新しい教頭も房枝たち女子学生を頭から馬鹿にして、子ども扱いするのでした。さらに、教室の掃除《そうじ》が終わったあとで、ガラス窓の桟《さん》の部分にほこりが残っていないかどうか、指でこすって調べてはネチネチと文句を言うなど、嫌味なことばかりするので、岡崎の師範学校から移ってきた房枝たちは、すっかり嫌気がさしてしまいました。

そして、その不満はついに爆発《ばくはつ》します。

房枝は同級生たちの指揮をとり、ストライキを決行したのです。

この学校に移って四カ月程たった夏の始めのある日の夜、寄宿舎の消灯後のことです。四年生二十八人が図書室に集結しました。神妙《しんみょう》な面持《おもも》ちで集まった同級生を見回すと、房枝は学生会議の口火を切りました。

「もう頭にきた！　みんなで協力して、校長に改善要求を突《つ》き付けてやりましょう」

そして、校長が主導する「愚劣《ぐれつ》な良妻賢母主義」に対する不満を二十八カ条にして一気に書き出すと、その改善要求をすべく、一人が一項目ずつ、校長に直談判《じかだんぱん》することにしたのです。

女学生による初めてのストライキ

校長にこの要求を飲ませるため、授業を受ける際には何を訊《き》かれても無言で押し通すことに決めました。さらに、試験があった場合には、全員が白紙で提出することも申し合わせました。

岡崎の師範学校から一緒に移ってきた三年生も、四年生と同様の不満を抱いており、この仲間に加わりました。

こうして、女子学生による抗議《こうぎ》ストライキが決行されたのです。

四年生と三年生は、無言での受講や白紙での試験提出という申し合わせを厳格に守り、一日目、二日目、三日目……と、ストライキは続いていきました。

廊下《ろうか》で出会った三年生が、こっそり、房枝に耳打ちします。

「房枝さん、私たち、今日もきっちり約束を守って無言受講を通していますよ」

「分かった。お互い、この調子で抵抗を続けていきましょう」

先生たちも、このままでは普段通りの授業を続けることができません。必然的に、双方《そうほう》による話し合いの場を設ける必要が生じることになりました。これこそ、房枝たちが望んでいた展開です。

しかしながら、校長は全員との面会を拒否しました。級長と副級長だけであれば会ってもよいというので、房枝は副級長と連れ立って校長室を訪れ、校長に二十八カ条の不満と、その改善要求を突き付けました。

校長は苦虫を噛《か》み潰《つぶ》したような表情で鼻をフンと鳴らすと、無造作に、二十八カ条が書き付けられた書面を奪《うば》い取って目を通しました。

結果的に、二十八カ条のすべてが承認されたわけではありませんでしたが、幾《いく》つかは受け付けられました。こうして、房枝がはじめて行った、数日にわたる抗議ストライキは終結を迎えたのです。

数日で学校側が妥協案《だきょうあん》を提示し、和睦《わぼく》が成立したため、このストライキが新聞沙汰になることはありませんでした。しかし、新聞沙汰になってもおかしくないくらい、珍しい出来事でした。

二十八ヵ条の内容が知りたいところですが、今となっては分かりません。のちに房枝は、この画期的な出来事をなつかしく語りましたが、その内容については「忘れた」と言っています。

さて、幾つかの要求は通ったものの、やはり岡崎の師範学校時代のような、男女が同じような質実剛健《ごうけん》とした生活を送るといった校風に変わったわけではありませんでした。そのため房枝は、依然《いぜん》として学校に対する不満を抱《かか》えたまま、次第に勉強に対する情熱も低下していってしまったのでした。

それでも、このときのストライキは、房枝にとって大きな意味がありました。現状への不満を抱き、志を等しくする人々がいるならば……。

仲間を集めて団結すること。

不満をきちんと言葉に変えて表現すること。

そして、それを効果的に相手に伝えるための具体的な算段を整えること。

意識せずに行っていたこれらの行動を通して、房枝は論理的なものの考え方や行動力、そしてリーダーシップを育《はぐく》みつつありました。

そのようななか、一九一二年、時代は大正へと移ります。

房枝は愛知県立女子師範学校を卒業しました。東京女子高等師範学校への入学を望んでいましたが、あえなく入学試験に失敗してしまい、愛知県内でふたたび小学校の教員の道を歩むことになります。

房枝は、二十歳になっていました。

第三章　女性運動に身を投じる

母校で小学校教員に

母校の尋常《じんじょう》小学校に勤めることになった房枝《ふさえ》は、師範《しはん》学校で教員免許《めんきょ》を取得していたので、訓導という、現在の教諭《きょうゆ》に相当する役職に任命されました。

当時、師範学校を卒業して教員になった者は、勤務評価の成績によって給料が分けられていました。女性の場合、成績が良い者は月給十六円、悪い者だと十四円。男性の場合、成績が悪い者でも十六円、良い者だと十八円もらえました。

房枝の給料は十六円。まったく同じ環境《かんきょう》で教員の仕事をしていながら、なぜ男女で給料に差があるのが、房枝にはどうしても納得がいきませんでした。しかも、女だけ、当たり前のようにお茶くみやカーテンの洗濯《せんたく》をさせられるのも、不満で仕方がありません。

とはいえ、はじめて、ある程度まとまった金額の月給をもらったのです。そのことは嬉《うれ》しく感じました。なにしろ、五年前に十五歳で代用教員になったときの月給に比べれば、三倍以上です。

そして、当時、隣町《となりまち》の教員のところに嫁《とつ》いでいた長姉のすみに、何かを買ってあげたいと思い立ちました。房枝は、なにかと相談に乗ってくれた長兄と、両親と一緒《いっしょ》に自分を育ててくれた長姉には、日頃《ひごろ》から感謝の念を抱《いだ》いていました。長兄はアメリカに行っていましたから、初月給を使って、ひとまずはすみに何かをプレゼントしようと思ったのです。

姉のところを訪ねた房枝は、息せき切って伝えました。

「最初のお給料が出たんだ。欲しいものがあったら言って！」

「欲しいもの、ねえ……。丈夫《じょうぶ》で長持ちするお釜《かま》かな」

房枝だけでなく、姉もまた、とても現実的な人なのでした。そして、このとき、姉にプレゼントしたお釜は、その後六十年以上も現役で使われ続けることになります。姉も妹も、そしてお釜までもが、どこまでも質実剛健《ごうけん》なのでした。

母校では、六年生の女子クラスを担任していました。当時、男子と女子のクラスは別々に分かれており、それぞれ、男と女の先生が担当していました。房枝と六年生の男子クラスの担任だった若い男の先生とは、頻繁《ひんぱん》にやりとりがあり、一緒に仕事をしていくなかで、この男性教師は次第に、房枝に対して同僚《どうりょう》として以上の感情を持つようになっていったのです。

房枝自身も結婚《けっこん》願望がないわけではなかったのですが、結婚して家庭に入ることよりも、仕事を続けていたいと思っていました。そのため、彼が抱いている想《おも》いに、房枝のほうから積極的に応《こた》えようとはしませんでした。

そして、母校である尋常小学校の勤務はわずか一年で終わりを告げることになります。転任の辞令を受けて、名古屋の高等小学校への転勤が決まったのです。

雑誌に文章を投稿

一方でこの頃の房枝は、もっとさまざまなことを勉強したいと、教員同士で研究会を持ったり、あちこちの講演会に顔を出していました。時事問題を話し合う研究会にも興味を持ち、ときどき聴講生《ちょうこうせい》のようなかたちで会議に参加させてもらっていました。

当時、名古屋には「木曜会」という、名古屋新聞（現在の中日新聞）の主筆や生命保険会社の幹部、そしていくつかの教会の牧師たちが集まった、時事問題を話し合う文化人のグループがありました。

二十代前半でまだ若かった房枝は正式なメンバーではありませんでしたが、木曜会の聴講に参加するほか、メンバーの牧師が教会で行っていた哲学《てつがく》の講義などの傍聴《ぼうちょう》にも積極的に出かけていました。自分の知らないさまざまなものごとを、貪欲《どんよく》に吸収しようとしていたのです。

明治から大正期にかけて活動した各種キリスト教団体は、それぞれが宗教集団であるだけでなく、近代の日本に新しい考え方をもたらす思想的な母体でもありました。かつて、江戸時代から明治初期にかけてのキリスト教は、基本的には為政者《いせいしゃ》による弾《だん》圧《あつ》の対象でしたが、一八七三（明治六）年にキリスト教の禁令が解かれます。そして、西洋においてキリスト教と結び付いて発展してきた社会福祉《ふくし》や慈善《じぜん》活動、労働運動などの考え方も、一緒に日本に輸入されることになったのです。

当時の政府が行う国政のあり方に疑問を感じていた日本の人々は、国内のさまざまな問題を解消するために、西洋からもたらされたこれらの新たな思想が必要になると考えました。そして、少なからぬ近代日本の知識人たちがキリスト教に接近し、場合によっては信者になったのです。

木曜会などの知識人グループに参加することで、房枝はキリスト教の教えに触《ふ》れました。そして、まもなくプロテスタントの洗礼を受け、キリスト教徒になりました。しかし、その後、敬虔《けいけん》なクリスチャンとしての活動を続けたわけではありません。どうやら房枝の場合は、キリスト教系の勉強会に参加しているにもかかわらず教会に献《けん》金《きん》しないままでいるのは悪いと思っての、義理に端《たん》を発した洗礼だったようです。

さまざまな講演会や勉強会に参加するうち、房枝は徐々《じょじょ》に時事問題に関して、自分なりの考えを持つようになってきました。また、それを人に伝えたいと思うようにもなったのです。

こうして、抑《おさ》えきれない気持ちを「不徹底《ふてってい》なる良妻賢母主義」と題した文章にしたためると、その頃購読していた『六合雑誌』というキリスト教系の雑誌に投稿《とうこう》しました。一九一六（大正五）年のことでした。

この当時、女子の教育では、「良妻賢母」という考え方が一般《いっぱん》的でした。しかし房枝には、師範学校時代に受けた良妻賢母教育に反発し、学生をまとめてストライキを起こした経験があります。

また、女性教師としての経験を通しても、良妻賢母主義には疑問を感じていました。そこで、「自覚ある、頭脳ある、真の新しい婦人を」と女子教育のあり方に対する自分の考えを広く世間に問おうとしたのです。しばらくして、最新号をめくっていると、投書欄《らん》に房枝の文章がありました。

（あ！　私の送った文章が載《の》ってる！）

房枝はドキドキとはやる鼓動《こどう》を抑《おさ》えつつ、活字になった自分の文章を繰《く》り返し何度も読みました。

その後も、Ｆ・Ｉというイニシャルを使って、社会的自立を目指す人が結婚をどう考えるかという問題に関する悩《なや》みを投書したりもしています。房枝は、さまざまな悩みを抱《かか》えながら、その解決の糸口を探していたのです。

新聞記者になる

房枝は、小学校の教員として働きつつ、休日になると各地を飛び回ってはさまざまな集まりに顔を出して、勉強を続けていました。

(もっともっと、社会のことを知らなくちゃ!)

なかば焦《あせ》りにも似た感情が、房枝を突《つ》き動かしていました。常に動いていなければ大事な何かを失ってしまう、そんな気がしていたのです。

健康には自信のあった房枝ですが、過労と偏《かたよ》った食生活による栄養不良によって、ひどい肩《かた》こりと、微熱《びねつ》に悩まされるようになりました。そして、ついに肺尖《はいせん》カタルという病気にかかってしまったのです。

医者から療養《りょうよう》の必要を説かれた房枝は、小学校の仕事をひとまず休むことにしました。そして、名古屋の南側に突き出した知多《ちた》半島の先に位置する、篠島《しのじま》という島で静養することになりました。お寺の境内《けいだい》にある観音堂の六畳《じょう》間を借りての、ゆっくりとした生活が始まりました。

房枝は、まるで過呼吸のような怒濤《どとう》の日々を過ごしていたことを反省し、ここでいったん、深呼吸のような落ち着いた日々を送ることにしたのです。

篠島の観音堂は、思索には最適の場所でした。夜になると、すぐそばの海から、静かな波の音が聴《き》こえてきます。房枝は夜な夜な、これからの自分の人生について、じっくりと考えを巡《めぐ》らせました。

教師の仕事はやりがいのある楽しいもので、安定した収入も望めました。しかし、教師を続けているだけでは、世の中の女性が置かれている状況《じょうきょう》を変えることはできない、とも思いました。そして、単に自分が社会に出て働くだけでなく、女性教師などの働く女性たちが置かれている状況を実際に見て、その労働環境の改善に役立つような仕事をしたいと考えるようになりました。

五カ月ほどの療養を終えた房枝は、勤めていた小学校を三月末で退職することを決意します。

(教え子のみんなに会えなくなるのは辛《つら》いけど、心機一転、仕事を変えよう)

無理をしないよう体調に留意しながら、母校である第二師範学校女子部の同窓会などの仕事を引き受けることにし、無報酬《ほうしゅう》ながらも、仕事を再開しました。そうして体調が回復したところで、本格的に転職することにしました。

「小林さん、新聞記者として私を雇《やと》ってください!」

木曜会で知り合っていた名古屋新聞の主筆、小林橘川《こばやしきつせん》を訪ねた房枝は、開口一番こう叫《さけ》びました。

房枝の性格と才能を知っていた小林は、突然《とつぜん》の訪問に驚《おどろ》くこともなく、「よし、分かった」と言って便宜《べんぎ》をはかってくれました。こうして房枝は、同紙で最初の「婦人記者」になったのです。給料は、教員時代より下がってしまいましたが、働く女性の現状を知るためには、新聞記者が最適だと思っての転職でした。一九一七（大正六）年、二十四歳《さい》の時のことです。

当時は新聞記者という職業を、ゆすり・たかりと同様の後ろ暗い商売だと思っている人も少なくありませんでした。とくに教員仲間は、まったく違《ちが》う環境下で働くことになる房枝のことを心配してくれました。

「本当に大丈夫なの？　警察につかまったりしない？」

しかし、こうした世間の偏見《へんけん》を覆《くつがえ》すためにも、房枝は胸を張って、新しい職場での仕事に取り組みはじめたのです。

東京での新生活

房枝は社会部の教育方面担当記者となりました。そして、教員時代と同じように袴《はかま》姿で、毎日のように名古屋市内の小学校や女学校を回りました。一九一八（大正七）年、日本で最初の小学校女教員大会が開かれた際には、教員時代の友人二人が出席するというので、彼女たちを取材して記事を書きました。

「なるほど。新聞記者って、こういう仕事をするものなのね……」

房枝が記者になることを心配していた友人も、自分が取材されたことで、ようやく新聞記者という職業に理解を示してくれました。

ほかにも、次々に名古屋周辺の女性団体を訪ねては、各団体が取り組む社会問題に関する記事を書きました。既婚《きこん》女性を取材して結婚生活について記事を書くこともありました。

社会問題だけではありません。宝塚《たからづか》の少女歌劇養成会（のちの宝塚少女歌劇団）が名古屋公演を行った際には、記事を書くだけでなく切符《きっぷ》売りも手伝いました。また、流行記事を書くために呉服《ごふく》店の宣伝部に通ったりと、教員時代には経験することのなかった、さまざまな仕事をこなしました。

新聞記者としてあちこちを駆《か》けずり回る日々は、房枝にとって面白く、勉強になるものでした。しかし、のちに「大正デモクラシー」と呼ばれることになる新しい思想が捲《ま》き起こりはじめていたこの頃、房枝は焦りを感じてもいました。

大正デモクラシーとは、政治や社会、教育、芸術などのさまざまな方面において、国家ではなく、国民が主役となって物事を動かすべきだとする民主主義の思想を指す言葉です。大正期の日本では、こうした思想に基づいて、普通《ふつう》選挙の実現を求めたり、男女平等を求めたり、国家から独立した教育機関の実現を求めたりといった、多様な運動が広がりつつありました。

そして、西洋から日本に入ってきたこの民主主義の思想が最も盛《さか》んに喧伝《けんでん》されていたのは、首都である東京なのでした。

（地方にいては、時代の波に置いていかれる！）

房枝は、早く東京に行って、最先端《さいせんたん》を行く刺激的な考え方に触れたい、と考えるようにもなっていました。

教員として働いていた頃から、男女間での給料の差には不満があり、また、お茶くみや縫《ぬ》い物などが女性教員にだけ押し付けられることにも疑問を感じていた房枝です。西洋からもたらされた新しい思想を学べば、こうした男女間の社会的差異を解消できるかもしれない、と考えたのです。

大正七年の夏、房枝の友人の一人が東京に出るというので、向こうで何か仕事を探してくれるように頼《たの》みました。

しばらくすると、友人が、自分の勤める株取引の事務所で、事務員の仕事をしないかと打診《だしん》してきました。房枝はすぐさま上京を決意し、一年間勤めた名古屋新聞を退職しました。とにかく房枝は、思い立ったらすぐに行動に移す性格でした。

（女子学院に通って以来の東京生活だな。今度はきちんと成果を出さなきゃ）

こう心に決め、房枝は上京しました。大正デモクラシーの空気に触れ、新たな思想を吸収したいというのが上京の目的でしたが、そのためには、東京での生活基盤《きばん》を整える必要がありました。やがて、事務仕事以外に、上司の子どもの家庭教師も引き受けるようになり、房枝の生活はある程度、安定したものになっていきます。そこで房枝は、こうした生活の近況《きんきょう》を手紙にまとめ、アメリカにいる兄、藤市《とういち》に送りました。

すると藤市から、「自分がアメリカで師事《しじ》していた先生がいま東京にいるから、勉強させてもらいなさい」という返事とともに、山田嘉吉《かきち》・わか夫妻への紹介状《しょうかい》が届いたのでした。

山田嘉吉・わか夫妻との出会い

海外の女性運動について深く知るためにも、かねてから英語の勉強をしたいと思っていた房枝です。さっそく、兄の紹介状を持って、四谷《よつや》で英語・ドイツ語・フランス語などの私塾《しじゅく》「山田塾」を開いていた山田嘉吉のもとを訪れました。

兄の師である嘉吉は、数カ国語に精通しており、なおかつ気取らない自然態の人物でした。しかし、単に気さくな語学の先生、というわけではありません。嘉吉は語学のほか、社会学をはじめとした複数の学問に通じており、西洋料理に関する著作まで出版するような、じつに多才な人物でした。そして、アメリカの女性解放運動に深い興味と理解を示してもいました。

房枝は、出勤前の二十分ほどの時間帯を使って、英語を勉強させてもらうことになりました。しかも嘉吉は、近所にある空き部屋まで住まいとして紹介してくれました。

授業のテキストは、スウェーデンのエレン・ケイという女性運動家が書いた『恋愛と結婚』の英訳本でした。当時、嘉吉はエレン・ケイの思想を日本に紹介しようとしていました。妻のわかや、平塚《ひらつか》らいてうなども、嘉吉を通して知ったエレン・ケイから強い影響《えいきょう》を受け、それぞれの思想を形成しつつありました。嘉吉は房枝にも、語学と同時に海外の女性解放運動について学ばせようと考えていたのです。

房枝の英語力を確認することもせず、突然、専門書の講読をはじめたのには、房枝はひどく驚かされました。けれども、幼い頃に抱いた、アメリカ行きへの希望は、まだ房枝の中でくすぶっていました。(そのためにも、もっと英語を勉強しなきゃ……)

しかし、せっかく東京での生活が軌道《きどう》に乗り始めたそのとき、突然、勤め先が閉鎖されてしまいます。房枝は一気に事務と家庭教師の仕事を失ってしまったのです。

「田舎《いなか》と違って東京だもの。何かしら私に合った仕事も見つかるでしょう」

すぐに仕事が見つかるほど現実は甘くはありませんでしたが、努力を続けるうち、どうにか、市谷《いちがや》の病院が発行していた『食物と養生』という月刊誌の編集委員兼《けん》事務員として雇《やと》われることになりました。

この頃、房枝の収入はじつに心許《こころもと》ないものでしたが、山田夫妻の生活もまた、質素極《きわ》まりないものでした。それにもかかわらず、山田嘉吉は房枝の収入を気遣《きづか》って原稿筆記のアルバイトをさせてくれたり、簡素な食事を御馳走《ごちそう》してくれたりしました。

平塚らいてうとの出会い

嘉吉の妻、わかは、当時、「新しい女」と呼ばれた女性たちの一人でした。

嘉吉は、学問的にも個人的にも、女性解放運動に深い関心を抱き、実践《じっせん》的な活動を続けていました。彼が開いている語学塾の門下にはさまざまな人々が集まっており、そのなかには、社会主義者の大杉栄《おおすぎさかえ》もいました。大杉は、国家やそれに類する権力を、人間にとって有害なものと考えるアナーキスト（無政府主義者）でした。

この大杉が、山田夫妻に詩人の平塚らいてうを紹介し、嘉吉の薫陶《くんとう》を受けてアメリカの女性運動について学んでいたわかは、彼女たちが創刊した雑誌『青鞜《せいとう》』の寄稿者の一人になったのです。

そのため山田家には、らいてうをはじめとした『青鞜』関係者がしょっちゅう出入りしていました。わかは、周囲の人たちから、親しみを込《こ》めて「おわかさん」と呼ばれていました。

「新しい女」と呼ばれる女性たちは、当時の世間から、進歩的な考え方の持ち主であると同時に、自由奔放《ほんぽう》な生活を送っているというふうに思われていました。それには、新聞などのマスメディアが、彼女たちの言動をセンセーショナルに書き立てていたことが深く影響していました。

『青鞜』が新聞紙上を賑《にぎ》わせていたのは、房枝が学生時代のことでしたが、実際に手に取るほどの興味は感じていませんでした。その後、教員になって少し金銭的に余裕ができてから、らいてうが編集を離れたあとの『青鞜』を買って読んだこともありましたが、とくに感銘《かんめい》は受けませんでした。

平塚らいてう（1886－1971）。思想家、作家、女性解放運動家。「元始、女性は太陽であった」は、女性解放運動の象徴となりました。

マスメディアによって喧伝されていた世間的なイメージに捉《とら》われていたわけでもありません。ただ、田舎で労働をしながら育った房枝には、お嬢様《じよう》育ちの人たちが中心となって作った『青鞜』の方向性が、いまひとつピンと来なかったのです。それでも、女性の力で雑誌の発行を継続《けいぞく》させていく実務的な活動には関心を持っていました。

ある日、山田塾を訪れた房枝は、見慣れない女性と話していたわかに呼び止められました。

「こちら、山田塾で勉強している市川房枝さんです。そしてこちらが、わたしが『青鞜』でご一緒している、平塚らいてうさんよ」

房枝は不思議な気持ちでした。かつて、『青鞜』の一読者に過ぎなかった房枝が、今は働く「職業婦人」の一人として、らいてうに出会ったのです。

ところが、実際に会ったらいてうは、房枝が思っていたよりもずっと大人《おとな》しい印象を与える、少女の雰囲気《ふんいき》を残した女性でした。なにより、かぼそく小さな声で話をするので、なんとなく抱いていた活動的なイメージとのギャップに驚きました。

「……平塚明《はる》と申します……。らいてうと申す筆名で、文章を書いております……」

ちょっと周りが騒《さわ》がしくなると、何を言っているのか聞こえなくなるほど微《かす》かな、鈴《すず》の転がるような声で、らいてうは自己紹介をしました。

房枝は、らいてうを、もの静かで上品な雰囲気を持つ美しい女性だと感じました。自他ともに認める田舎出のやんちゃ娘《むすめ》である自分とは、まったく異なるらいてうの雰囲気に、鮮烈《せんれつ》な印象を受けたのでした。

「い、市川房枝と申します」

房枝は柄《がら》にもなく、どぎまぎしてしまいました。このとき、らいてうは三十二歳、房枝は二十五歳でした。

婦人講習会の案内役に

一九一九（大正八）年の夏、名古屋で名古屋新聞主催《しゅさい》の夏期婦人講習会が開かれることになりました。当時は、女性の意識を高めるため、各地でたびたびこうした講習会や勉強会が開かれていたのです。

夏期婦人講習会の講師として、山田わか、平塚らいてうの二人に声がかかりました。さらに、名古屋新聞の元記者で、愛知県下にくわしい房枝が、二人の案内役として抜《ばっ》擢《てき》されました。

わかとらいてうは、名古屋の一般女性たちや県知事などの役人を含む五百名ほどの聴衆に、好意的に迎《むか》えられました。もっとも、らいてうは声が小さすぎて、後ろの席に座った人には何を話しているのか、さっぱり聞こえないのでした。

いずれにせよ、講演は盛況《せいきょう》のうちに幕を閉じました。それでお役御免《ごめん》かと思いきや、房枝には引き続き仕事が与えられました。らいてうは、講演の後で、愛知県の織物工場で働く女性労働者の視察をし、名古屋新聞に記事を書くことになっていました。愛知出身で地の利があるということで、講演に引き続き、ここでも房枝が案内役をつとめることになったのです。

「愛知のことなら、私に任せてください！」

房枝は、ふたたびの抜擢に張り切って臨《のぞ》みました。

そしてこのとき、らいてうは、万事にそつがない房枝の堅実《けんじつ》な案内ぶりに驚かされたのでした。房枝の気付かないところで、らいてうは、房枝のことを高く評価しはじめていました。

日本初の労働組合で働く

名古屋から東京に戻《もど》った房枝は、日常の仕事に復帰して、また忙《いそが》しい日々を送りはじめました。するとまもなく、房枝のもとに、驚くほど大きな仕事の依頼《いらい》が舞《ま》い込んできました。

一九一二（大正元）年に創設された日本最初の労働組合である「大日本労働総同盟友愛会」（友愛会）婦人部の書記にならないか、という誘《さそ》いがかかったのです。

若い房枝にとっては願ってもないチャンスでしたが、責任の大きさを思うと、一瞬《いっしゅん》のとまどいもありました。しかし、自身の経験も通して、女性の労働環境の改善に強い関心を抱いていた房枝は、とまどいを振《ふ》り切ってこの大役を引き受けました。

最初の仕事は、この年の一〇月にワシントンで開かれることになったＩＬＯ（International Labor Organization、国際労働機関）第一回労働会議の日本政府代表顧問《こもん》に任命された田中孝子《たかこ》（旧姓高梨《たかなし》）を呼び、アメリカで労働会議が開かれる前に、日本で婦人労働者大会を開いて国内の現状を知ってもらおうという大きなものでした。

じつは房枝は、わかとらいてうの案内役として働いた名古屋新聞主催の夏期婦人講習会で、すでに田中と知り合っていたのです。田中にはアメリカ留学の経験があり、労働会議での活躍が期待されていました。しかし、政財界の大物であった渋沢栄一《しぶさわえいいち》の姪《めい》に当たること、また、いわゆる労働の現場を知らないことなどから、田中が労働会議の代表顧問になることには批判も起こっていました。婦人労働者大会の席上でも、そうした反対意見が上がりました。

それでも、なんとか無事に大会は終わり、田中と房枝、会場に来ていたらいてうたちは控室《ひかえしつ》に戻ってホッと一息つきました。すると突然、控室のドアが勢いよく開き、『青鞜』で活躍する「新しい女」の一人、伊藤野枝《いとうのえ》が姿を現しました。

「あなたに、労働者の問題にかかわる資格はない！」

伊藤は、労働経験のない田中が代表になることの愚《おろ》かさを滔々《とうとう》と一方的に述べ立てると、諌《いさ》めるらいてうの声も無視して、あっという間に立ち去りました。伊藤野枝は、山田塾の門下だった社会主義者、大杉栄の内縁の妻に当たり、大杉が掲げる「労働者の問題は労働者によって解決されるべきである」という考え方に強く共鳴していたのです。このように、労働運動、女性運動にかかわる人たちにもさまざまな考え方があり、ときには強くぶつかりあうこともありました。

とはいえ、ワシントンでのＩＬＯ第一回労働会議を前にして国内で開かれた婦人労働者大会は、職業婦人が自らの置かれた現状を肉声で訴《うった》えるという、極めて画期的なものでした。田中がＩＬＯの日本代表をつとめることに関しては根強い批判もあったものの、大会自体は成功裏に終わりました。そして田中も、国内の職業婦人が抱える深夜労働や、出産、育児にかかわる問題を知り、ＩＬＯでの会議に反映することを約束してくれました。

しかし、ここでひとつの問題が起こります。

伊藤野枝（1895－1923）。女性解放運動家、作家。売買春や人工中絶といった問題に精力的に取り組み、女性の地位向上につとめましたが、関東大震災のさなかに起きた甘粕事件で虐殺されてしまいました。

じつは、この大会前に房枝は、田中に直接連絡をとって会った際に、「せっかくなら、日本の工場で実際に働いている職業婦人を随行者《ずいこう》としてワシントンの会議にお連れになってはいかがでしょうか」と、アドバイスしたのでした。

実現はしませんでしたが、これは、房枝が思う以上に大きな問題でした。誰《だれ》が、誰を随行者として推薦《すいせん》するかについては、政府や友愛会内部にさまざまな思惑《おもわく》があり、政治的な力関係が絡《から》んでいたのです。房枝は、この問題で独走した責任をとって、たった三カ月で友愛会を辞任することになってしまいました。

(まったく! 随行者を自分の権威《けんい》を強めるために利用しようなんて、ばかばかしくて付き合ってられないよ!)

正直なところ、そんな思いもあっての辞任でした。

平塚らいてうと新婦人協会を設立

一方この頃、平塚らいてうは、新たな運動を起こそうと思っていました。自ら新しい協会を作って、女性の地位の向上を推進しようと考えていたのです。

そして、房枝が友愛会を辞任したことを伝え聞くと、すぐさま、自分がこれから起こそうとしている女性運動への参加に勧誘《かんゆう》したのです。

しかし、山田嘉吉は房枝に、らいてうの誘いを断るよう、秘かな助言をしました。

「平塚さんにはだらしないところがあるから、一緒に運動を起こして仕事をするのは控えておきなさい」

実際、わかは、らいてうの誘いを断っていました。

しかし房枝は、らいてうの誘いを了承《りようしよう》しました。いつもはらいてうと仲良く接している山田夫妻が、なぜ、今回に限ってこのような態度をとるのか、房枝には理解できませんでした。信頼《しんらい》している先生たちの嫌《いや》な一面を見てしまったようで、房枝は内心、憤慨《ふんがい》しながら、らいてうの誘いを受け入れたのです。

しかし、まもなく房枝は、嘉吉が言っていたことの意味を痛感することになります。

房枝が借りていた炭屋の二階の四畳半を使って、らいてうと房枝は協会設立に関する会議を始めました。

まずらいてうは、会館を作りたいと言って、自分で図面を引いてきた建物の設計図を房枝に見せました。

「……運動を開始するには、まず、会館が必要になると思うんですの……。最低限、部屋数はこのくらい要《い》ると思います……」

まだ、協会の活動内容も具体化しておらず、さらに、運営に必要となる予算の調達の算段も立っていないのに、らいてうは会館の建造を目論《もくろ》んでいるのです。房枝は、らいてうの計画性のなさに驚き、目が点になりました。

(山田先生の言っていていたことはこれか!)

しかし、らいてうは本気でした。計画性に難はあるものの、この時のらいてうには、女性の地位を向上させ、世の中を変えたいという気概《きがい》が満ち溢《あふ》れていたのです。

「会館は後回しにしましょう」

房枝がやんわり軌道《きどう》修正をはかると、らいてうは、それでは雑誌を出したいと言いました。しかし、これにも時間と資金の問題がついて回ります。

そこで房枝はらいてうと話し合って、ひとまずこれから推進する運動の主たる目的を広く外に向かって発表し、その上で、具体的な運動内容に着手していくことを決めたのでした。

「……それでは、ごめんくださいい……」

らいてうが帰ると、房枝は「フーーーッ……」と長い溜息《ためいき》をついて、畳《たたみ》にひっくり返りました。

（こりゃ、大変なことに首を突っ込んじゃったかもしれないぞ）

ともあれ、アイディアに満ちた詩人のらいてう、実務や経理に長じた房枝という二人がタッグを組んで、ここに「新婦人協会」が誕生しました。一九一九（大正八）年のことでした。

新婦人協会は、女性の社会的地位の向上と政治的な権利の獲得《かくとく》を目指した、近代日本ではじめての婦人団体でした。らいてうと房枝は、翌年に予定した正式な発足会の開催を目指して、運動の周知や資金援助《えんじょ》の募集《ぼしゅう》など、具体的な活動を始めます。

しかし実際のところ、房枝はまだ、女性解放運動に関して自分がとるべき方向性を、自分でもはっきりとは認識できていませんでした。そこで、ひとまずはらいてうのサポートに徹《てっ》することにしました。エリートの家庭に生まれたお嬢様育ちのらいてうと、田舎育ち丸出しの房枝は、考え方から喋《しゃべ》り方に至るまで、すべてが好対象でしたが、逆にそのことが、お互《たが》いによい刺激を与え合うことになりました。

新婦人協会は、らいてうのアイディアをもとにして、まず、具体的に次の二つの運動を進めていくことになりました。

一つ目は、「治安警察法第五条」の修正です。

治安警察法第五条、通称「治警法五条」は、女性が政党に入ること、政談集会をすること、それを聴講することなどを禁じた法律です。治警法五条がある限り、女性の自由な政治参加は妨げられてしまいます。そこで、これに修正を加えようというのが、新婦人協会の考えでした。

同様の運動は以前にもあったのですが、成果は出ていませんでした。房枝たちは、かつて治警法五条の解禁請願《せいがん》運動をしていた遠藤清子《えんどうきよこ》を訪ねて、当時の状況を訊いたりもしました。遠藤は『青鞜』同人の評論家で、作家の岩野《いわの》泡鳴《ほうめい》の前夫人です。遠藤から激励《げきれい》を受けた二人は、使命感をあらたにしました。

新婦人協会が進めようとする二つ目の運動は、「花《か》柳病《りゅうびょう》男子の結婚制限法」の制定でした。花柳病とは、性病を指す当時の言葉です。当時、結婚前に性病を患《わずら》っていた夫が、結婚して妻にそれをうつしたにもかかわらず、妻の罹《り》患《かん》を理由に一方的に離《り》婚《こん》する、という問題がたびたび起きていました。知人の女医からこの社会問題を聞きつけたらいてうは、新たに法律を制定して、性病にかかった男性の結婚を禁止しよう

新婦人協会第１回総会（1921年）。右端が市川房枝。

と考えたのでした。

新婦人協会は、らいてうが発案したこの二つの運動を軸《じく》として、その活動をスタートさせたのです。まだ、正式な発会式を行う前から、二人は手さぐりで運動を進めていきました。そして、じわじわと世論を味方に付けていったのです。

第一回演説会を開く

女性が政党に入ることや、政治に関する演説を行ったり聴《き》いたりすることは、それ以前、明治二十年前後には自由であり、さまざまな女性が活躍《かつやく》していました。

しかし、前にも述べたように、房枝が生

まれる三年前の一八九〇（明治二三）年に施行《しこう》された「集会及《および》政社法」という法律によって、女性が政治的な活動に参加することは禁じられてしまいました。

集会及政社法自体は、一九〇〇（明治三三）年に廃止されますが、それと入れ替わるかたちで今度は治安警察法が施行され、引き続き、女性の政治活動は禁止されたのです。

集会及政社法が施行された一八九〇年は、日本で最初の選挙が行われた年でもありました。第一回衆議院議員選挙です。しかしながら、選挙権を手にできるのは、高額の税金を収めたごく一部の男性だけでした。十五円以上の国税を納める二十五歳以上の男性に選挙権が与えられたのです。高額納税者以外の大多数の男性やすべての女性には、選挙権がありませんでした。

新婦人協会が運動を開始した頃は、世間的にも、このような不平等な制度を壊《こわ》して、もっと開かれた政治を目指そうという風潮《ふうちょう》が現れはじめた時期でした。そこで二人は、慣れないながらも、地道に議員や議会を訪ねては、自分たちの運動をアピールしました。

房枝は、普段《ふだん》は積極的に他人とかかわらない性格のらいてうが見せる熱意を、肌《はだ》で感じていました。しかし二人は、なかなかこれといった感触《かんしょく》をつかめません。

「いっそのこと、私たちで治警法五条に関する演説会を開いてみませんか？」

しびれを切らした房枝は、駄目《だめ》でもともと、思い切った案を切り出しました。

女性が政談集会をすること、集会を聴講することなどを禁じた法律に関する演説会を、女性が開いてしまおうというのですから、大胆《だいたん》な企画《きかく》です。

「……まあ、面白い……」

意外なことに、らいてうは、これに興味を示してくれました。ただし、開催前にストップをかけられてしまっては意味がありません。名目上は「新婦人協会第一回演説会」としました。

演説会が近づくと、房枝は自分で書いたポスターと、糊《のり》の入ったバケツをぶら下げて、夜の神田界隈《かんだかいわい》を歩き回りました。何から何まで、手作りの運動でした。

さて、あっという間に演説会当日になりました。開会の直前に、警官による形式上の口頭注意があり、演説の内容に関する速記もとられましたが、とくに内容に関して咎《とが》められることもありませんでした。

声の小さならいてうに代わって房枝が開会の辞を述べ、男女六人による演説が始まりました。

山田わかによる「家庭婦人と政治」と題した演説や、かつて治警法五条の解禁請願運動に励《はげ》んでいた遠藤清子の回顧談《かいこだん》は、約五百人という多くの聴講者に、好意的に受け取ってもらえました。このときの男女比は七対三。本当は、もっと女性に来てもらいたいところでしたが、まずは上々といったところでしょう。

ところが、その数日後のこと、日本の国政に大きな動きが生じました。普通選挙法案をめぐる意見の対立から、国会で衆議院が解散するという事態になったのです。

当時、野党であった憲政会が、税金納付の制限なく、二十五歳以上の男子すべてに選挙権を与えるべきだという「普通選挙法案」を提出したところ、当時の首相である原敬《はらたかし》が、これを時期尚早《しょうそう》と判断して衆議院を解散したのでした。有権者に納税義務を課さないことになれば、社会主義者など社会の底辺層の投票が増え、原が総裁をつとめる政友会が野党に回る可能性も生じてきます。そうした事態を恐《おそ》れての解散でした。

この衆議院解散の直後、かねてより房枝たちの運動を支持してくれていた男性知識人たちを含むメンバーで、この問題をめぐる「思想家の時局観」という演説会が開かれることになったのです。

政治演説を聞いて書類送検？

その二週間弱前に自分たちが開催した演説会は、実際の内容はともあれ、名目上は政治に関係しないものでした。しかし、今度の演説会は、政治に関する集まりであり、そのものずばりの「政談集会」です。

女性が聴きに行っては、今まさに新婦人協会が打ち壊《こわ》そうとしている「治警法五条」に真正面から抵触することになり、見つかってしまっては言い逃《のが》れもできません。しかし、房枝とらいてうは、どうしてもこの演説会を聴きに行きたいと考えました。

そこで、ちょうど上京していたもう一人の女性を誘って、三人で思い切って実際に演説会を聴きに行こうと決めます。会場は、新婦人協会の演説会が行われたのと同じ、神田のＹＭＣＡ会館でした。

「見つかったら見つかったで、「治警法五条」に抵触した場合、警察はどうするのかを確かめてやりましょうよ」

房枝はそう言って、自分たちを実験台に、「治警法五条」に対する挑戦《ちょうせん》をすることにしたのです。

「……そう、ね……。尻込《しりご》みしていては、いつまで経《た》っても埒《らち》があきませんもの……。それになんだか、ワクワクするわ……」

らいてうも、少女のように目を輝かせて同意しました。女性たちには、政治に関する演説を聴講するにも、勇気と覚悟《かくご》のいる時代でした。しかし彼女たちは、危険をおかしても時代の思想に触れたいという、切実な望みに突き動かされていました。

当時、演説の開始時間直前に行くと、会場の入り口には警官が立って見張っているのが常でした。それを知っている三人は、演説開始の二時間前に会場に着くと、事務所の人にわけを話して事前にこっそりと会場に入れてもらいました。

最初のうちは、いつ見つかるかとドキドキしていましたが、いつの間にか三人とも、身を乗り出して演説に聞き入っていました。

「ここは女の来るところではない。出ろ!」

演説開始から三十分ほど経った頃、突然、野太い声が響《ひび》き渡《わた》りました。肩を怒《いか》らせた警官がのっしのっしと房枝たちに近づいてきます。房枝たちは、頭から湯気を立てた警官に追い立てられて、渋々《しぶしぶ》と会場をあとにせざるを得ませんでした。

それでも、三人はあきらめません。演説が聞こえる講師控室に潜《もぐ》り込み、結局、最後まで演説を聞き届けたのでした。途中《とちゅう》、さっきの警官が住所と氏名を聞きにやってきましたが、なんとか控室から追い出されずにすみました。

この日、房枝はらいてうの家に泊《と》めてもらいました。

翌朝早く、らいてうの家の玄関《げんかん》を乱暴に叩《たた》く音がします。らいてうが、あわてて扉《とびら》を開くと、昨夜の警官が立っていました。警官は、演説の件で取り調べをするから今すぐ出頭するようにと命じました。

「何も、雁首《がんくび》そろえて行く必要はないでしょう。平塚さんはお家にいらしてください。私が一人で要件を聞いてきます」

房枝は、らいてうの代わりに一人で警察署に向かいました。密室に閉じ込められてどなられるかと思いきや、取り調べは意外なほど事務的なものでした。昨夜訊かれたことも含めて、「氏名は?」「現住所は?」「本籍地は?」「政談集会と知っていて参加したのか?」等々、一問一答形式で質問が続きます。

昼までかかって取り調べが終わると、警官は、検事局に書類送検するから追って沙汰を待つべし、と言いました。

（なんだ、こんなものか）

拍子《ひょうし》抜けして警察署をあとにした房枝でしたが、ふと、「書類送検」という言葉に不安をおぼえました。そこで、その足で知り合いの弁護士を訪ねて事情を話しました。「もし罰金《ばっきん》を求められたら、正式に裁判を起こすように要求してください。そして、逆に世論を動かしてしまいましょう。もちろん、弁護は無料でしますよ」

経緯《けいい》を聞いた弁護士は、こう言って力強くうなずいてくれたのでした。

結果的に、房枝たちの行動は、微罪《びざい》により不起訴《ふきそ》、ということになりました。当時は、このように、さまざまな面で女性に不利な法律が存在していました。しかし、それを変えようとする房枝たちの凜《りん》とした姿は、同じような考え方を持つ人々に注目され、勇気を与えてもいました。

そしてもう一つ、房枝たちが注目されるようになったきっかけがあります。それは、帽子《ぼうし》にブラウス、ジャケット、スカートなどといった、らいてうと房枝のファッションでした。らいてうと房枝は、大正末期から昭和初期にかけて流行することになる「モガ」（モダンガールの略）のような、洋装を着こなす日本女性のスタイルを、ひと足早く先取りしていたのです。

日本の女性のほとんどすべてが着物を着ていた時代、洋装で都会の街を闊歩《かっぽ》する二人の姿は世間の目を驚かせました。じつのところそれは、二人にとってはファッションというよりも、議会訪問の際に和装と下駄《げた》ばきでは不便だという、現実的な理由によるものでした。当時、日本では洋服を手に入れる方法がなかったので、二人は、らいてうの姉が洋裁を習っている先生に頼んで洋服を仕立ててもらっていたのです。

ところが、二人の洋服姿が、協会の活動を報じる新聞や雑誌に写真入りで紹介されると、世間には、最先端を行く女性のイメージとして受け取られました。実際、子持ちになってもお嬢様然とした雰囲気を崩さなかったらいてうと、痩《や》せて背の高い房枝は、それぞれ、洋服がとてもよく似合う女性だったのです。

房枝たちは意識していませんでしたが、洋装を着こなして颯爽《さっそう》と街を往《い》く二人の活躍は、間違いなく、新婦人協会の広告塔《とう》になっていました。二人のファッションは、彼女たちが巻き起こそうとしていた、新しい時代の風を象徴《しょうちょう》したものとして受け取られていたのです。

こうして、以前から有名だったらいてうだけでなく、房枝も、日本各地で少しずつ、その名を知られるようになっていきました。

理想を追うらいてう、現実的な房枝

新婦人協会は、発会式を前にして、すでにその運動は多忙《たぼう》を極めていました。実質的には、らいてうと房枝が二人で立ち上げたのですが、らいてうは、日本女子大学の後輩《こうはい》である奥《おく》むめおを誘い、発起人を三人にして、一九二〇（大正九）年三月に発会式を行いました。奥は、労働組合期成会という、労働組合の結成を目的とした団体の機関誌『労働世界』の記者をしていた人物です。

奥自身は乗り気ではなく、あまり積極的に仕事を手伝ってもくれなかったのですが、ともあれ、新たな仲間も加わり、各地には続々と支部もできて、次第に運動は大きくなっていきました。機関誌『女性同盟』の発行もはじまり、仕事はさらに増えていきます。房枝は経理の仕事、議員への働きかけ、署名運動など、文字通り馬車馬のように働きました。

そのようななか、政治的な色を帯びた新婦人協会の活動に教員がかかわるのを問題視した広島県や警察から、広島県支部がマークされるという事態が起こりました。広島県下の女性教員に、新婦人協会に参加しないよう、具体的な圧力がかけられたのです。運動が大きくなるにつれ、こうした逆風も生じるようになってきました。

新婦人協会が最初に計画を立てた二つの運動は、たとえば、その頃すでに『青鞜』などでその活躍が知られていた「新しい女」の一人である歌人の与謝野晶子《よさのあきこ》など、協会外部のさまざまな立場の人からの意見を受け、幾度《いくど》も修正を加えた上で提案がまとめられ、議会にかけられました。具体的には、らいてうが中心となって「請願書」を作り、それを、協力してくれる議員に託《たく》して議会に提出する、という方法をとったのです。憲政会、政友会など、協力してくれる議員の政党は問いませんでした。

しかし、せっかく作った「請願書」も不採択《ふさいたく》になることが多く、また採択されても議会での審議は一進一退を繰り返し、期待していたような、はかばかしい結果は得られません。

当初から計画のあった二つの運動に加えて、婦人参政権（女性参政権）の要求も議会に提出したのですが、これも否決されてしまいました。

この頃の房枝は朝から晩まで休みなく働いており、しかも、経済状態は最悪でした。運動の拡張とともに新婦人協会は、人を何人か雇《やと》うようになっていたのですが、寄付金集めなどの資金繰りがうまくいかず、彼女たちへの給料の支払いも滞《とどこお》りがちでした。房枝自身は無給で働き続けていました。やがて家賃も払えなくなり、日本に戻ってきていた兄のところに転がり込むと、居候《いそうろう》になりました。肉体的にも経済的にもギリギリの状態で働き続けていると、やがて心の余裕《よゆう》までなくなってきました。

気分屋のお嬢様だったらいてうは、実務的なことが苦手でした。だからこそ、房枝に白羽の矢を立ててスカウトしたわけですが、自分が機関誌の原稿を取り立てられる側になったりすると、途端《とたん》に機嫌《きげん》が悪くなるのでした。

房枝は房枝で、らいてうが執筆を放棄《ほうき》した原稿の穴埋《あなう》めをしたことを編集後記に書くなど、内面の苛立《いらだ》ちを表に出すようになってきました。多忙を極める業務のなか、常に眉間《みけん》にしわを寄せ、難しい表情をしている房枝は、いつの間にか近づきがたい雰囲気を放つようになっていました。

房枝の、実務的で例外を許そうとしないかたくなな態度が、らいてうにとっては自由を阻害《そがい》する、限りなく窮屈《きゅうくつ》なものに感じられてきます。

（……市川さんが好きなのは実務ばかりで、日本の女性にとって大事なことを何も分かっていないわ……）

（平塚さんと一緒に運動するのも、もう潮時《しおどき》かな）

詩人と実務家とが組み上げた機械の歯車は、ここに至って修復不可能な不協和音を立て始めたのです。

第一の挫折――新婦人協会との決別

新婦人協会設立から一年半、ついに房枝は、自らも中心的な位置を占めて立ち上げた、思い入れの深い新婦人協会を辞する決意を固めました。房枝はその後も、数多くの困難に立ち向かうことになりますが、その長い生涯《しょうがい》をかけてやり続けた社会運動における第一の大きな挫折《ざせつ》は、この、新婦人協会との決別にあると言えるでしょう。

房枝が新婦人協会を離れた後、らいてうは、新婦人協会の活動を振り返る文章を新聞や雑誌に発表しています。その語気は荒《あら》いもので、らいてうはあたかも、自分だけが被害者であるかのように、房枝を、そして新婦人協会を非難しました。

……協会の現状を知っている私は、むしろ協会を、目に見えるもの、形に現れたものよりほか見ることの出来ない、いわゆる事業家の手から救い……
（『女性同盟』大正一〇年七月号）

この文章で「いわゆる事業家」とされているのは、紛《まぎ》れもなく房枝のことです。一体なぜ、らいてうはかつての相棒である房枝に対して、このような感情を抱くようになったのでしょうか？

房枝には、一つ思い当たることがありました。新婦人協会でともに働いていた頃、房枝は、平塚家のお手伝いさんとして、名古屋の教員時代の教え子だった女性を紹介していたのです。

らいてうの家で働き始めた教え子は、平塚家の経済状態に驚きました。なにしろ、連日のように借金取りが訪れるのです。しかも、らいてうは倹約《けんやく》もせず、子どもにも贅沢《ぜいたく》をさせていました。極めつけは、らいてうの夫です。夫は一切《いっさい》働こうとせず、一家の家計はらいてうの肩にかかっていました。

お嬢様育ちだったらいてうは、年下の画学生だった奥村博史《おくむらひろし》と、当時まだ珍しかった恋愛結婚をして家庭を作っていました。しかし、らいてうは法律結婚を否定する考え方の持ち主だったため、籍は入れていませんでした。奥村は、長いこと定職に就《つ》かず、かといって自分の描《えが》いた絵画を売る努力もせず、端《はた》から見れば勝手極まりない生活を送っていました。その一方でらいてうは、原稿料などで家計をまかないながら、協会の運動を続けつつ、子育てもしていたのでした。

（まったく、奥村さんは平塚さんや子どもたちのことを、どう思っているんだろう！）

房枝は、こうした平塚家の経済事情に関して思うところがあり、また、教え子をお手伝いさんとして紹介した義理もあって、らいてうに意見をしました。

らいてうはこれを、部外者からの余計なお世話だと感じました。

らいてうにとって、籍を入れない自由な結婚生活は、旧来の法的な結婚制度に対する思想上の実験でもありました。そして、らいてう夫妻は「家族」と「芸術」という二本の柱を、生きる上で何よりも大切な、精神的支柱だと考えていました。

ところが房枝には、生活基盤《きばん》の安定よりも精神性を重んじるらいてう夫妻が、単に行き当たりばったりな行動をとっているようにしか見えませんでした。生活基盤がグラグラした状態で、いくら「家族」や「芸術」に関する崇高な理想を語られても、享《きょう》楽《らく》的な生活を欲しいままにするための、言い訳にしか聞こえなかったのです。

こうした、家庭に対する考え方の違いや生活感覚の違いが、らいてうと房枝の間に溝《みぞ》を作りました。そして、やがて決別のときを迎えることになったのです。

第四章　戦争と婦選運動

心機一転、アメリカへ

房枝《ふさえ》は、自らの力を注いで育てた新婦人協会を退きました。

らいてうが房枝の住まいを訪ねて二人で最初の会議を開いたときから、房枝が理事を辞任するまで、期間としては二年に満たない短いものでした。しかし、多忙《たぼう》を極《きわ》めたその期間は、内容としては密度の高いものでした。いや、高すぎたからこそ、空中分解を迎《むか》えてしまったのかもしれません。らいてうが出したアイディアの実現に向けて、実務の面でサポートに徹《てつ》していたことは、房枝に相当のストレスを与え続けていました。

(今度は、本当に自分のやりたいことをやろう)

ようやく自由に使える時間ができるのですから、やることは一つに決まっていました。そう、かねて夢見ていたアメリカに渡《わた》っての勉強です。

このとき、かつてアメリカにいた長兄の藤市《とういち》はすでに帰国して、読売新聞の外報部（海外のニュース報道に関する部署）で働いていました。房枝は藤市の助言もあって、読売新聞の特派員として渡米《とべい》することにしました。そして、アメリカまでの船賃も出してもらえることになったのです。このように、大人になってからもさまざまなかたちで、藤市は房枝をサポートし続けてくれるのでした。

一九二一（大正一〇）年、ついに房枝は日本を後にします。思えば十四歳《さい》のとき、一人で「渡米願い」を書いて役場に提出し、警察署に呼び出されたあげく門前払いを食らってから、十四年の年月が流れていました。房枝は二十八歳になっていました。友人や兄、わざわざ田舎《いなか》から出てきてくれた父にまで見送られて、船は横浜からアメリカに向けて出航しました。

二週間強の船旅を経て、船はシアトルの港に着きました。

房枝はまず、結婚《けっこん》してシアトルに渡っていた妹の家に行きました。妹は、日本人の夫と共にシアトルで雑貨商を営んでいたのです。到着の翌日、さっそく店に行って商売の様子を見せてもらった房枝は、驚《おどろ》きました。さっぱり英語を話せなかったはずの妹が、アメリカ人を相手に、多少カタコトながらも充分《じゅうぶん》に通じる英語を使って上手に商売をしていたのです。

(習うより慣れろ、ってことか)

房枝は、自分もアメリカ滞在《たいざい》中に英語を上達させられる、という確信を得ました。

「こっちでも房枝姉ちゃんの名前は結構知られてるのよ!」

妹は、鼻息を荒《あら》くして房枝を誉《ほ》めてくれました。

実際、シアトルの日本人社会では、新婦人協会の運動が意外なほどよく知られていました。そのため、房枝は読売新聞特派員としての寄稿《きこう》のほか、大陸新報という邦字《ほうじ》新聞の原稿を依頼《いらい》されたり、講演会に呼ばれたりして忙《いそが》しい日々を過ごしました。

こうした活動を通して仲良くなった日本人記者に誘《さそ》われて、隣国《りんごく》カナダのバンクーバーを訪れ、現地の日本人社会を見にも行きました。房枝は、アメリカでもカナダでも、現地の習慣に合わせて暮らす海外在住の日本人が、本土の日本人とは違《ちが》った男女観を持っていることに気づきます。そして、海外在住の日本人に影響《えいきょう》を与えている、現地の男女観に興味を抱《いだ》きました。アメリカ各地の女性運動や、その浸透《しんとう》具合について調べる必要性を、改めて強く感じたのです。そのためには、現地のアメリカ人社会に入り込《こ》む必要があります。しかし、この時点での房枝の英語力は、じつのところ妹よりも低いくらいでした。

スクール・ガールになる

日本の学校や山田塾《じゅく》で勉強してきた房枝ですから、もちろん、英語が分からないわけではありません。ただし、房枝の英語力は主として読み書きに特化していました。英語を聴《き》き、話す能力に関しては、日々、雑貨商として忙しく働き、ネイティヴ・スピーカーの英語に触《ふ》れ続けている妹のほうが、よっぽど優《すぐ》れていたのです。

房枝は、シアトルのアメリカ人社会に入り込んでその様子を調査しながら、英語力を鍛《きた》える方法はないものか、大陸新報の記者に相談してみました。すると、記者は耳寄りな情報を教えてくれました。

「スクール・ガール制度を使ってみてはいかがですか?」

スクール・ガール（男子学生の場合はスクール・ボーイ）とは、住み込みで一般《いっぱん》家庭の家事を手伝って、給料をもらいながら学校に通うという習慣でした。これを利用しない手はありません。

ほどなくして、小学校の先生だったという優《やさ》しい奥さんのいる一般家庭から、依頼が入り、房枝はこの家に住み込み、近所にある小学校の、三年生のクラスに交じって勉強することにしました。

初めて教室に入った房枝は、不思議な緊張《きんちょう》感を味わうはめになりました。なにしろ、十歳前後の子どもたちのなかに、一人だけ母親のような年齢《ねんれい》の異邦人がいるのです。なんとも恥《は》ずかしかったのですが、そんなことを気にしているのは房枝だけで、先生も生徒も、分け隔《へだ》てなく接してくれました。

「フサエー！」

朝になると、近くに住んでいる同じクラスの男の子が、呼びに来てくれます。

最初のうちは、三年生程度の英語でも聞き取りに苦労しましたが、だんだん分かるようになり、学校が面白くなってきました。それにしても、日本で小学校の先生をしていた房枝が、アメリカに来て、小学生の仲間入りをして体操《たいそう》などをしているのです。ふとそのことに気がつくと、恥ずかしい半面、なんだか愉快《ゆかい》な気持ちにもなるのでした。

（もし、日本の教え子たちが、今の私の姿を見たらどんな顔をするだろう？）

思わず、プッと噴《ふ》き出してしまった房枝の横顔を、クラスメイトの男の子が不思議そうに眺《なが》めていました。

仕事をしながら各地を転々

アメリカは、日本とは比較《ひかく》にならないほど広い国土を持つ国です。そして、州ごと、都市ごとに大きく異なる文化・習俗《しゅうぞく》や法律を持っている国でもあります。房枝は読売新聞の特派員としても、個人的な労働運動への関心からも、シアトル以外の土地を見て回る必要がありました。房枝は、ひと月ほどシアトルの小学校に通ったあと、妹に別れを告げて今度はアメリカ中部の都市、シカゴへと向かいました。汽車を使っての、二、三日かけての旅でした。

現地に着くと、ちょうどシカゴに留学中だった、名古屋のキリスト教会で日曜学校の校長をしていた知人が、迎えに来てくれました。こんなところでも、かつて日本で培《つちか》った、損得を超《こ》えたところでの人脈が役に立ったのでした。

シカゴは、黒人や移民の多い大都市でした。房枝は、家畜《かちく》市場、牛の屠場《とじょう》、牛肉の缶詰《かんづめ》を作っている工場の労働現場を見学しました。さまざまな人種や民族が入り混じるアメリカには、日本と異なる問題も多くありましたが、賃金や労働環境《かんきょう》など、基本的な点に関する問題は共通していると感じました。

アメリカでは、労働現場で生じている問題に、どのような対策がとられているのか――。房枝は、日本で展開すべき労働運動のヒントを探そうと、必死になって見学や取材を行いました。

また、移民街の真ん中にある「ハル・ハウス」という建物も見学しました。ハル・ハウスはジェーン・アダムスという女性が館長を務めており、貧困層の救済や教育に使われる部屋のほか、食堂、体育館なども備えた、世界的にも有名な施設でした。房枝は、建物の大きさ、行われている事業の大きさに圧倒《あっとう》されましたが、ほかにも、あることに気づいて一人感動していました。

(平塚《ひらつか》さんが構想していた会館のモデルはこれだったのか……)

かつて、新婦人協会立ち上げの二人会議の際に、らいてうが持ち出した会館の設計図が、このハル・ハウスを参考にしたものであったことを、房枝はなかば直感的に理解したのです。

不幸な別れ方をしてしまった、らいてう……。でも、新婦人協会立ち上げの際の彼女の初志が高いものであったことをあらためて確認して、房枝は不思議な感慨《かんがい》を抱き、しばらく、ハル・ハウスの前に立ち尽《つ》くしました。

さて、シカゴで部屋を借りた房枝は、シアトルのときと同じく、スクール・ガールの職を探しました。学校へ通うほか、労働組合に行ったり、婦人会に顔を出したり、原稿を書くなどして、半年ほどの間、忙しくも充実した日々を送りました。

アメリカにいる間の房枝は、東京の友人との手紙のやりとりで、日本の情報を得ていました。そして、シカゴ滞在中のある日、友人から久々に届いた手紙を開いた房枝は、思わず「Gotcha!」（ガッチャ！＝やったぞ！）と、あまり丁寧《ていねい》でない英語を呟《つぶ》いて拳《こぶし》を握《にぎ》りました。それも無理のないこと、自分の渡米後も新婦人協会が続けていた「治安警察法第五条」改正のための運動が、ようやく実を結んだというのです。

友人からの手紙は、平塚らいてう、奥《おく》むめお、そして協会結成後に加わった『青《せい》鞜《とう》』出身の坂本真琴《さかもとまこと》らが中心となって作った治警法の第二項改正案が、貴族院・衆議院の両院を通過したことを伝えてくれていました。

女子及《および》未成年者ハ公衆ヲ会同スル政談集会ニ会同シ若《もし》ハ其《く》ノ発起人タルコトヲ得ス

（治安警察法第五条第二項）

改正案によって、この文章の冒頭《ぼうとう》から「女子及」の三文字が削除されたのです。これは、女性が自ら政談演説を行うこと、あるいは、その発起人になることが可能になるということを意味していました。文字数にすれば、たった三文字が削除《さくじょ》されたにすぎませんが、日本の女性にとっては、とても大きな一歩を意味していました。

かつて、らいてうとともに治警法の改正を求めた運動を展開し、大胆《だいたん》にも集会まで開いた経験のある房枝は、その重要性を誰《だれ》よりもよく知っている一人でした。半ば喧《けん》嘩《か》別れのようになってしまっていたとはいえ、渡米後も新婦人協会でやっていた運動は気にかかっていたので、房枝にとって、これは本当に嬉《うれ》しいニュースでした。

女性参政権運動の闘士アリス・ポールとの出会い

やがてワシントンに降り立った房枝は、社会事業大会という国際的な会議に出席しました。これは、さまざまな理由で一般的な生活を送ることの困難な人々を支援《しえん》する、社会福祉《ふくし》を軸《じく》とした運動に関する会議でした。さらに、会議の合間を見ては、ワシントンに存在するさまざまな婦人団体の本部を訪ね歩いたのでした。

アメリカ各地を渡り歩く房枝が、寸暇《すんか》を惜《お》しんではさまざまな会議に参加し、また次々に婦人団体各種を訪問していたのには理由がありました。アメリカで女性参政権が認められたのは、房枝が渡米するつい前年の、一九二〇年のことです。房枝は、女性解放運動の先進国であるアメリカで、運動の成果が出た直後の空気に触れたかった

アリス・ポールは、アメリカで切手の絵柄として取り上げられたこともありました。

のです。そして、現地で生活したからこそ得られる知見を日本に持ち帰って、自らの運動に反映させなくてはならないという使命感に駆《か》られていたのです。

全米女性党の本拠地《ほんきょち》であるワシントンの「オールド・キャピタル」という建物を訪ねた房枝は、思いがけず、女性党の実質的な指導者であるアリス・ポールと直接言葉を交わす機会に恵まれました。アリス・ポールは、アメリカの女性参政権運動で、広く世界にその名を知られる人物でした。女性党は戦闘《せんとう》的な側面を持つ婦人団体として有名であり、アリス自身も、反政府的な運動を行ったとして三回投獄《とうごく》された経験を持つ、苛烈《かれつ》で意志の強い女性です。当時、すでに女性参政権を実現させていた女性党は、次なる段階として、参政権以外の法的な男女平等を求めた運動を展開していました。

房枝はもちろん、こうした経歴をよく知っていました。だからアリス・ポールを、年配で強面《こわもて》の女性だとばかり思っていました。しかし、実際の彼女は意外にも三十代後半とおぼしい、若々しい雰囲気《ふんいき》を持つ人でした。

「あなたはどこに泊《と》まっているのですか？」

大きな瞳《ひとみ》と太い眉《まゆ》が印象的なアリスは、出会ったばかりの房枝の目を真っ直ぐ見つめると、こう訊《たず》ねました。房枝が、近くの安ホテルに泊まっていることを告げると、アリスはオールド・キャピタルに滞在先を変えなさいと言って、ほとんど強引に話をまとめてしまいました。

一見無愛想なアリスでしたが、じつは、多忙な日常の業務の中で、日米それぞれの女性解放運動について房枝と話し合う時間を作るため、オールド・キャピタルの一室を空けてくれたのです。

「フサエは日本に帰ったら、女性参政権の獲得《かくとく》に力を注ぎなさい」

房枝の滞在中、何度も話す時間を作ってくれたアリスは繰《く》り返しこう言って、女性解放運動のなかで、いかに参政権が重要なのかを説くのでした。そして、このときのアリスの言葉が、帰国後の房枝に「婦選」（女性参政権）獲得という、大きな目標を与えることになりました。

ＩＬＯ東京支局員となるため、帰国

そんなある日のこと、いつものように新聞を開いた房枝は、我が目を疑いました。日本で大地震《おおじしん》が起きたというのです。一九二三（大正一二）年九月一日、関東大震災でした。この震災で東京周辺が壊滅《かいめつ》的なダメージを受けたとき、房枝はアメリカにいたのでした。

関東大震災は、死者、行方不明者十一万五千人余と言われる甚大《じんだい》な被害をもたらし、日本は社会的な大混乱をきたしました。政府は、この混乱に乗じて、それまで高まっていた大正デモクラシーのムードを、武力で鎮圧《ちんあつ》していくことになります。

山田嘉吉《かきち》の英学塾門下であったアナーキストの大杉栄《おおすぎさかえ》が、政府転覆《てんぷく》を企《くわだ》てる危険性があるとして憲兵大尉《たいい》の甘粕正彦《あまかすまさひこ》らによって暗殺されたのも、震災直後のことでした。この時、大杉の甥《おい》である橘宗一《たちばなそういち》と、大杉の内縁の妻だった伊藤野枝《いとうのえ》も一緒《いっしょ》に殺されてしまいます。伊藤は、数年前に婦人労働者会議の控室《ひかえしつ》に現れ、田中孝子《たかこ》を罵倒《ばとう》して立ち去った人です。

房枝は、大震災の被害と、それに乗じた横暴な思想弾圧《だんあつ》を伝え聞くと、暗澹《あんたん》たる気持ちになりました。

ちょうどその頃、スイスのジュネーヴにあるＩＬＯ（国際労働機関）の本部から、翌年の一月一日から日本に開設予定の、ＩＬＯ東京支局の職員になってくれないかという、打診《だしん》の手紙を受け取りました。

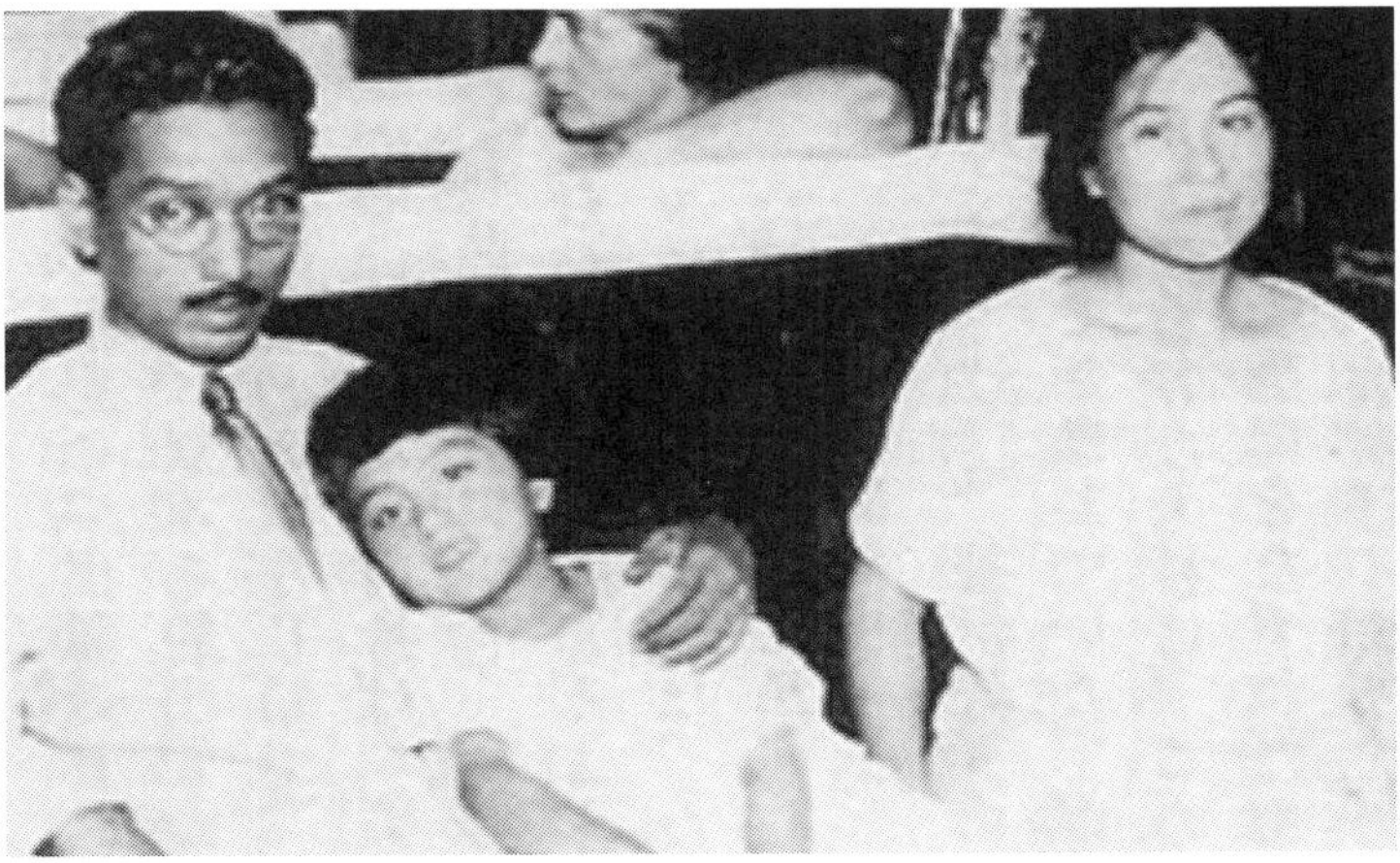

大杉栄（1885－1923）、伊藤野枝と娘の魔子。

（これは、滅多《めつた》にないチャンスかもしれない）

かつて日本で、ＩＬＯ絡《がら》みの仕事を経験したこともあり、また、そろそろ日本への帰国を考え始めてもいたので、房枝はこの打診を了承《りようしよう》しました。

帰国の準備を進めつつ、今まで見ることのできなかった場所をあちこち訪ねました。とくに、ローウェルの紡績《ぼうせき》工場は、最初期に働いていた女性労働者が名家の娘《むすめ》たちであり、また、当時の記録が日記として残されているという点で、群馬県の富岡製糸場と似ており、房枝は非常に興味をそそられました。

単にアメリカ各地を見学するだけでなく、

それを、いかに日本の現場と比較して、これから行う日本の女性解放運動に活《い》かすか――。房枝は、常にこの点について考えながら旅を続けました。

ニューヨークでは、マンハッタンの古本屋街を訪れ、女性解放運動に関する書籍をたくさん買い求めました。

「ご婦人、紙袋が破れて本が落ちそうになっていますよ」

すれ違った紳士に教えられて、あやうく本を落とすのを免《まぬが》れたほど、房枝は大量の書籍を抱《かか》えてホテルに戻《もど》り、日本へと送る荷物のなかにギュウギュウに詰《つ》め込んだのでした。

こうして、房枝は日本に帰国することになりました。渡米してから三年の月日が経ち、房枝は三十一歳になっていました。

婦選運動に全力を尽くすと決意

日本に戻った房枝は、ＩＬＯ東京支局の事務員として働き始めました。

ＩＬＯとは、一九一九年に第一次世界大戦の講和条約として締結《ていけつ》された「ベルサイユ条約」第十三編によって設立された国際機関です。世界戦争への反省から設立が決められた、いわば国際連盟の姉妹機関で、各国の政府、労働者、使用者の三者構成によって運営されます。平和の実現には、まず社会正義が実現される必要があるという理念のもと、労働条件の改善を目的としています。

現在も活動を続けている機関ですが、房枝が東京支局で働き始めた頃は、設立して数年という、まだ若い組織でした。

当初は、日本の労働環境に関する調査や機関誌の編集など、房枝が本来的に興味を持っており、なおかつ過去の経験を活かすこともできる仕事を担当していました。房枝は、日々の仕事にやりがいを感じながら、ＩＬＯ東京支局の運営に必要なレールを次々に敷《し》いていきました。

しかし、これらの仕事に道筋をつけると、そうした仕事は後から入ってきた新人たちへ任せ、房枝の担当は、庶務《しょむ》や会計、人事などといった方面にシフトしていきました。こうした日常業務に慣れてくると、仕事が終わってからの夜の時間帯や休日を、女性参政権獲得のための運動や原稿書きに費やすことができるようになってきました。

そんなとき房枝は、いつも決まってアリス・ポールから言われたことを思い出すのでした。

（フサエは日本に帰ったら、女性参政権の獲得に力を注ぎなさい）

アメリカでの経験を経た房枝は、女性の社会的地位向上のためには、参政権の獲得が不可欠だと考えるようになっていました。

政府が行う政策が常に正しいと考えるのであれば、参政権はいりません。しかしながら、国の政策を注視し、おかしいと思ったときに意志表明をしたいと考えるのであれば、参政権が必要です。

当時は、政治に対する女性の興味関心がまだまだ低い時代でした。政治などというむずかしいことは男性に任せておけばよく、自分たち女性は家庭のことだけ考えていればよい、という風潮が根強かったのです。

その一方で、一九二五（大正一四）年には、紡績工場で働いていた妻の経験をもとにした細井和喜蔵《ほそいわきぞう》のルポルタージュ小説『女工哀史《あいし》』が出版され評判になりました。そこには、多くの女性たちが過酷《かこく》な労働環境に身をさらしている現状が丹念《たんねん》に描《えが》きこまれていいます。

いったい誰が、彼女たちの声を代弁し、労働環境を改善してくれるというのでしょう。それができるのは、ほかでもない女性たち自身であると、房枝は考えました。そして、女性参政権獲得のための運動を通して、日本の女性の、政治に対する意識を変えたいと痛切に願うようになっていました。

余暇《よか》を使って婦選運動を行う一方で、さらに仕事に習熟し、次第に給料も上がってきました。ふつうに考えれば、これはよいことです。房枝にも仕事へのやりがいはあり、職場への不満もありませんでした。しかし、一日のうちの大半を、自分の生活のために費やしていると気づいたとき、房枝は思ったのです。

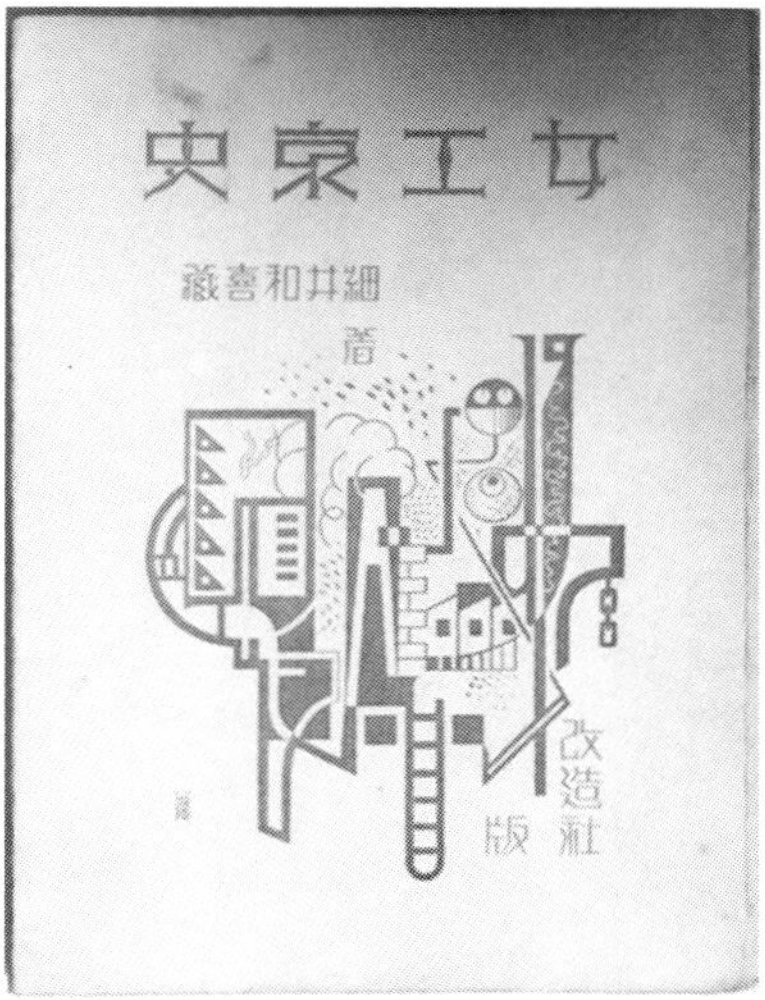

『女工哀史』(細井和喜蔵著、1925年)。

（これは、私がやりたかったことじゃない……）

女性参政権獲得のために全力を尽《つ》くしていない自分に気づいてしまった房枝は、言い知れぬ焦《あせ》りを抱くようになりました。

そして、三年間勤務したＩＬＯを辞すことにしたのでした。

安定した収入を捨て、これから原稿料などで生計を立てていくことには不安もありました。しかし、それ以上に、今の恵《めぐ》まれた生活に安住しようとして、女性のための運動に邁進《まいしん》することを忘れていた自分に腹が立っていたのでした。

三十歳を過ぎても、自分に嘘《うそ》がつけない性格は変わっていなかったのです。

ＩＬＯに勤めている間に、元号は大正から昭和に変わっていました。一九二七（昭和二）年、房枝は三十四歳でした。

こうして房枝は、女性参政権獲得のための婦選運動に、全力を傾《かたむ》けていくことになります。しかし、その行く末に待っていたのは、厳しい道のりでした。

戦中のやむなき方向転換

房枝は、長い生涯《しょうがい》のなかで、一貫《いっかん》して戦争を嫌《きら》い、平和を愛する思想の持ち主でした。しかし時代は、アメリカから帰国した房枝に、単純な平和主義者でいることを許しませんでした。

かつて、一九〇四（明治三七）年から翌年にかけての日露《にちろ》戦争に勝利したことは、いっとき日本の国民に高揚《こうよう》感を与えました。

しかし戦争によって生じた多額の負債《ふさい》は、戦後の国民を長く苦しめることになります。戦後恐慌《きょうこう》は民衆の鬱憤《うっぷん》に油を注ぎ、労働争議や、日比谷焼打ち事件などの暴動が生じるきっかけになったのです。この頃から政府は、こうした民衆暴動の鎮火《ちんか》に力を入れていきます。

一九二三（大正一二）年、房枝がアメリカにいたときに起こった関東大震災は、日本の社会に、深刻な混乱をまねきました。日本政府は、混乱の鎮圧を表向きの理由にしながら、当時高まりつつあった民主化の波、いわゆる大正デモクラシーをも封殺《ふうさつ》していったのです。

さらに一九三一（昭和六）年、満州事変が勃発《ぼっぱつ》すると、日本の政治は一気に、軍国主義の色彩《しきさい》を強めた、きな臭《くさ》いものになっていきます。一九三七（昭和一二）年には、

「一国一党」の強力な政治体制を目指して大政翼賛会が立ち上げられ、政党や団体がその傘下に組み込まれていきました。

北京郊外《こうがい》にある盧溝橋《ろこうきょう》で日本軍と中国国民革命軍が衝突《しょうとつ》。いわゆる盧溝橋事件が勃発しました。こうして日中は全面戦争に突入《とつにゅう》していきます。

軍部が台頭し、言論が統制されていく世の中。この状況《じょうきょう》のなかで表だって国家の方針に反する言論を展開すれば、これまで継続《けいぞく》してきた運動が水泡《すいほう》に帰《き》することになってしまいます。

（どうすれば、運動を続けることができるだろう……）

房枝は悩《なや》みました。日中戦争が起こる前の房枝は、戦争反対を唱え、軍部に対する異議申し立てもしてきました。

しかし、日中が全面戦争に突入し、もう後戻りできない状況が訪れたことによって、房枝は考え方を変えることになります。このとき房枝は、今後の運動に三つの選択肢《せんたくし》があることを自覚していました。

一つ目の選択肢は、正面から戦争に反対し、監獄《かんごく》行きになる道。

二つ目の選択肢は、運動から全面的に退却《たいきゃく》してしまう道。

三つ目の選択肢は、現状（戦時下の体制）を一応、肯定《こうてい》して、ある程度軍部に協力しながら、運動を続けて行く道。

悩みに悩んだ末、房枝は三つ目の選択肢を選びました。

そして、部分的には軍部に協力しつつ、しかし、戦争を肯定したり加速させるような行動はとらないようにするという、苦渋《くじゅう》の決断を下すことになります。

戦時下の言論統制は、国民をいやおうなく縛《しば》りつけていました。そこから逃《のが》れたり、反抗したりすることは、一時的な意思表示にはなったとしても、継続的な運動にはつながり得ない。そう判断したのです。

そこで房枝は、言論統制を行う大政翼賛会《よくさんかい》（軍部が主導する各種の活動を支える国家的な団体）系の組織のなかで、統制が行き過ぎるのにブレーキをかける役割を果たしつつ、社会運動を継続していこうと考えました。

悩みながらの戦争協力

房枝はこの後、はっきりとした答えも成果も出ないままの状態で悩み続け、迷い続けながらも、女性参政権の獲得という、祈《いの》りにも似たかぼそい灯火を、灯《とも》し続けるのでした。しかし、房枝の選んだ道は、茨《いばら》だらけで、どこに繋《つな》がっているのか分からない危険性を持ってもいました。

昭和に入って軍国主義の色彩を強めつつあった日本政府は、これまでの価値観を覆《くつがえ》すような思想を、国家を揺《ゆ》るがしかねない危険なものとみなし、弾圧していきます。

正面切って婦選獲得をうたった活動をしていれば、必ず当局に睨《にら》まれてしまうことでしょう。こうした時局の中で房枝は、表向きは声高に「婦選」を叫《さけ》ばずに当局への協力を続け、ある程度友好的な関係を築いていこうとしました。

先の見えない不安な日々のなか、一九四一（昭和一六）年には、日本は太平洋戦争に突入していきます。

そして房枝は、大政翼賛会系の「大日本婦人会」の審議員の一人に加わるなど、軍部に接近していきます。

当時は、軍部を支える大政翼賛会系の活動に、積極的に協力する人々が数多くいました。そうしなければ、社会的な立場があやうくなるだけでなく、場合によっては生命の危険すらあったからです。

一九四二（昭和一七）年、房枝は、当時日本の領土であった台湾《たいわん》の「皇民報国会」に招かれて同地に渡りました。敵国の潜水艦《せんすいかん》に襲《おそ》われる危険性があるため、灯火管制が敷《し》かれた船での旅でした。一カ月半ほどかけて、約四十回の会議や講演に出席しました。このとき房枝は、日本本土だけでなく台湾にも数多くの不平等な問題が存在することを知りました。台湾には、先住民族、中国人、日本人などさまざまな立場の人々が暮らしており、その間には少なからぬ軋轢《あつれき》が存在していたのです。

房枝はこのときのことを、次のように記しています。

中国人のインテリ婦人数名と会合の機会があったが、彼女たちは台湾総督府《そうとくふ》の差別待遇《たいぐう》に対し憤《いきどお》りを持っていた。約一カ月半の旅行も終わり、ここ台湾にもいろいろな問題があることを発見したが、これまた私どもにはどうすることもできないことばかりであった。

自由な発言や運動ができない状況下では、問題があることを発見しても、それを是《ぜ》正《せい》すべく動くことは叶《かな》いませんでした。房枝は、軍部に協力するふりをして社会運動を継続させようとしていましたが、じつのところ、自分は軍部に利用されているだけなのではないか……と思うことも多くなっていました。

この年、房枝は「大日本言論報国会」という、内閣《ないかく》情報局のもとにあって国内の言論統制を担う団体の、ただ一人の女性理事に加えられました。房枝はこのことを、台湾で読んだ新聞記事で知ったのです。

このように戦時下の房枝は、本人が当初に抱いていた目的とは隔《へだ》たったところで時代の波に翻弄《ほんろう》され、溺《おぼ》れないように足掻《あが》き続けるのが精いっぱいでした。

敗戦、そして婦人参政権の獲得

一九四五（昭和二〇）年八月一五日、天皇によるいわゆる玉音放送が流され、日本国民はアメリカをはじめとした連合国軍との戦争に負けたことを知りました。

遠からずこのときが来ることを予期していた房枝も、涙を流して放送を聞いた一人でした。当時、房枝は八王子郊外の川口村にある疎開《そかい》先の家と東京とを行き来する生活でしたが、玉音放送を聞いたのは東京でした。

敗戦により、これから日本の社会は大きく変わっていくことになるだろう。状況が変わっていくなかで、女性の社会的地位の向上という、これまでと変わらぬ目標を実現するには、一体、何が必要なのか――。房枝は具体的な対策を練るため、かつて婦選運動を通してともに闘《たたか》っていた女性運動家の山高しげりに会って相談をしました。

そして、大日本婦人会や大日本産業報国会などの組織で指導的な立場にあった女性たちの名簿《めいぼ》を作り、会議を開くことにしました。

そうして、これから起こるであろうさまざまな問題に対処するために「戦後対策婦人委員会」を立ち上げることを決めたのです。敗戦の日から、わずかに十日目のことです。委員会のメンバーには、若い頃に知り合った友人の村岡花子《むらおかはなこ》も入っていました。房枝は、太平洋戦争の終結を宣言する「ポツダム宣言」のなかに含《ふく》まれていた、日本の民主化の強化に関する文言を見て、婦人参政権の獲得が遠くないことを予感していました。ただし、婦人参政権は占領軍から与えられるべきものではない、とも考えました。

（婦人参政権だけは、なんとしても日本人自身の手で実現しなくては！）

房枝は、人を通して総理大臣や議員に、このことを訴《うった》え続けます。そしてついに一〇月一〇日、選挙法改正案に関する幣原《しではら》内閣の協議のなかで、改正案に女性の参政権付与を含めることが決定しました。この改正案が通れば、ようやく、房枝たちの長期にわたった運動が、実を結ぶことになるのです。

ところが、その翌日のこと。ＧＨＱのダグラス・マッカーサー最高司令官から幣原内閣に、日本の女性に参政権を与えるよう、指示が下されました。

ＧＨＱとは、連合国軍最高司令官総司令部を指し、そのうちの総司令部（General Headquarters）の部分を略した名称です。ポツダム宣言執行《しっこう》のために日本に設置された機関で、当時は進駐《しんちゅう》軍とも呼ばれていました。要するに占領軍であり、マッカーサーはその親玉です。

ＧＨＱの指示を受け一一月に臨時国会が召集《しょうしゅう》されると、女性に参政権を与える案は可決され、翌一二月には公布されました。一九四五年一二月一七日、日本の女性は、男性と同じ条件での参政権を得ることになったのです。

（結局、勝ち取るものでなく、与えられるものになってしまったか……）

房枝は、深い溜息をつきました。婦人参政権の実現は、房枝たちの悲願でしたが、それが、日本女性が勝ちとったものでなく、戦勝国から敗戦国に与えられたものであったことには、複雑な思いがありました。

結果として、敗戦に伴《ともな》う「棚《たな》からぼた餅《もち》」的な実現となったのは、女性参政権の獲得に奔走《ほんそう》し続けた人々にとって、きわめて不本意なものでした。

ともあれ、女性参政権は実現しました。そして、これによって房枝の運動も、新たな局面を迎えることになります。

婦選会館を作る

敗戦の年、戦後対策委員会を結成した一方で房枝は、戦時中に自宅に事務所を作って活動を行っていた「婦人時局研究会」の若い人たちなどを集めて、一一月に「新日本婦人同盟」を結成し、選挙の結果、会長となりました。そして、以前から構想していた、女性解放運動推進のための会館の建設を実現すべく動き出しました。

このとき房枝の脳裏《のうり》をよぎったのは、アメリカで女性運動などの基地となっていたシカゴのハル・ハウスやワシントンのオールド・キャピタルといった建物でした。また、かつて新婦人協会を起こそうとして四畳半《じょう》で会議していたとき、平塚らいてうが取り出した会館の青写真も思い出されるのでした。ちなみに、この頃になると、すでにらいてうと房枝の仲は修復されており、たびたび、それぞれの運動に力を貸し合う間柄《あいだがら》になっていました。

じつは、らいてうだけでなく房枝自身も、建物の設計図を書くのが好きで、自分で会館の青写真を作ってはいました。ところが、肝心《かんじん》の土地がなかなか見つかりません。

「女性運動のための会館を作る土地を探しているんですけど……」

房枝は、気のおけない友人の一人である相馬黒光《そうまこっこう》に相談を持ちかけました。黒光は、新宿中村屋の創業者で、随筆家《ずいひつか》でもあった人物です。一種の天才と呼ぶべき、博学多才な女性でした。

房枝の話を聞いた黒光は、いともたやすく、次のように言うのでした。

「それじゃ、千駄ヶ谷《せんだがや》にあるうちの屋敷跡《やしきあと》の土地でも、店員たちの宿舎跡でも、どちらでもお好きなほうをお貸ししましょう」

思い立ったが吉日《きちじつ》とばかり、房枝はさっそく、黒光と連れ立って千駄ヶ谷（現在の代々木）の屋敷跡を見に行きました。

そして、戦災で焼け跡になっていたその土地を気に入り、借り受けることにしたのです。黒光は、最初の二年は地代はいらないと、破格の扱《あつか》いをしてくれました。

会館の所有は、婦人問題研究所とし、一部屋が新日本婦人同盟の事務所となりました。婦選会館にはスタッフの住居もありました。さらに、外部の人々が会議や宿泊《しゅくはく》を行える施設《しせつ》を兼《か》ねたものとしても設計してありました。施設としての使用料を、会館の維持《いじ》に充《あ》てようと考えたのです。

戦後最初の選挙の投票所のようす。子どもをおんぶした女性が一票を投じています。

実務に際して、こうした効率的で無駄《むだ》のない算段を立てるのは、房枝の得意とするところでした。

婦選会館の竣工《しゅんこう》と同じ一九四七年、戦後最初の参議院選挙が行われることになりました。日本で初めて、全国をあげて女性が投票できる国政選挙です。房枝は、一度は自らの出馬も検討したものの、結局、自分は出馬せず、その代わりに、全国を巡《めぐ》っては女性を対象にした講演を行い、投票の重要性を説いて回りました。

そして、いざ投票しようとしたとき、思わぬ事態が起こりました。有権者名簿《めいぼ》に、なぜか房枝の名前が載《の》っていなかったのです。房枝はこの初歩的な手違いに「そんな馬鹿《ばか》な！」と言って怒《おこ》りましたが、かと言って、どうすることもできません。

戦後最初の選挙で房枝は、被選挙権どころか選挙権を行使することもできなかったのです。このときの選挙では、戦後まもなくのどさくさの時期だったということもあり、各地で同様の問題が起こっていたようです。

それにしても、戦前、戦中、戦後と、「婦選」の重要性をかかげて女性の参政権獲得に奔走し続けてきた房枝が、満を持しての選挙で投票できなかったというのは、皮肉な巡り合わせというほかありません。

第二の挫折――突然の公職追放令

一九四七（昭和二二）年四月、房枝は丸太で側頭部を殴《なぐ》られたようなショックを受けました。「公職追放」という、厳しい処分に遭《あ》ったのです。

房枝は、自分に対して下された処分に青ざめると同時に、全身が震《ふる》えるような憤《いきどお》りを覚えて、唇《くちびる》を嚙《か》みしめました。公職追放令とは、ＧＨＱが公職に適しないと判断した人物を、公職に就けないようにする命令です。GHQが戦争犯罪人と認めた者や、軍国主義に加担したと考えられる人々などが対象でした。当時、鳩山一郎《はとやまいちろう》などの政治家、松下幸之助《まつしたこうのすけ》などの経済人、正力松太郎《しょうりきまつたろう》などのマスコミ人、など多くの人が公職追放されました。ただその判断基準は曖昧《あいまい》で、ときに日本人どうしの足の引っ張り合いの道具にもなっていたのです。

房枝の公職追放は、大日本言論報国会理事であったことが直接的な理由とのことでした。大日本言論報国会とは、内閣情報局の指導のもとに設立された機関で、戦時下における言論統制を担っていました。

たしかに房枝は、その理事のうちの一人をつとめていました。けれども、もちろん積極的な言論弾圧に励《はげ》んでいたわけではありません。戦時中は、いやおう無しに言論統制が行われていました。房枝は、その流れを止められないのであれば、むしろ組織の内側でストッパーの役割を果たそうと考えて活動していたのでした。

房枝が公職追放されるのであれば、当然それ以上の処分を受けるべき人間があちこちの組織に多数存在していましたが、その人たちはこれまで通りの生活を送っています。それなのに、公のため、社会のため、女性のためにひたすら働いてきた房枝が

「公職に適さない」と決めつけられてしまったのです。

房枝自身も周囲の人々も、公職追放への抵抗《ていこう》を試みようとし、繰り返し必要な書類の提出を行っていましたが、なかなかうまくいきませんでした。

こうして房枝は、社会運動の表舞台《おもてぶたい》から引きずりおろされてしまったのです。かつて、平塚らいてうと結成した新婦人協会での人間関係がうまくいかなくなり、自ら辞したときよりも、さらにダメージの大きな挫折《ざせつ》でした。

公職追放令を受けた房枝は、新日本婦人同盟の会長を辞任しました。

そしてこのときから、房枝にとっては底なし沼のように感じられる、いつ開けるとも知れない闇夜《やみよ》が始まるのでした。

第五章　平等と平和を求めて

死を思う苦悩

突然《とつぜん》の公職追放令は、房枝《ふさえ》を苦悩《くのう》の泥沼《どろぬま》に突《つ》き落としました。

戦後、女性参政権の獲得《かくとく》が実現し、これまでになく参政権についての啓蒙《けいもう》が必要となったその時期に、房枝は活動停止を余儀《よぎ》なくされてしまったのです。

公職を追放された者にも選挙権はありましたが、被選挙権はありません。

房枝にとって、この時期に公職を追放されるということは、戦時中も忸怩《じくじ》たる思いを抱《かか》えながら軍部に協力して続けてきた婦人参政権獲得のための運動を、真っ向から否定されたに等しいものでした。もっといえば、自分という存在そのものを否定されたも同然でした。

房枝は次第に感情の機微《きび》を失い、ぼうっと呆《ほう》けたような日々を過ごすようになりました。

公職追放に至る背景に、仲間だと思っていた人からの裏切りがあったらしきことも、房枝を打ちめしました。ＧＨＱは、房枝の公職追放令の直接的な原因は、投書あるいは特定の人物からの申し出による状《じょう》況《きょう》証《しょう》拠《こ》の提示にあるというのです。

どのような状況証拠が提示されたのかは分かりませんが、房枝の活動を阻害《そがい》するために、房枝をよく知る誰《だれ》かが足を引っ張っていることは明らかでした。心はまるで光の届かない井戸のようにどこまでも際限なく沈み込《こ》み、どす黒く、染まっていきます。暗澹《あんたん》とした気持ちに更《さら》なる拍車《はくしゃ》をかけたのは、生活の問題でした。

教員や新聞記者、ＩＬＯ職員などさまざまな職種を経験し、一時は高給取りでもあった房枝でしたが、ＩＬＯ職員を最後に、人に雇《やと》われる仕事を辞《や》めてからは、主に原《げん》稿《こう》料や講演料などで、つつましやかな生活を成り立たせてきました。

ところが公職追放下にあっては、これらの収入源すら断たれてしまいます。

友人や、運動をともにする仲間の援助《えんじょ》を受けるのは、なんとしても避《さ》けたいところでした。かといって、最低限度の生活を続けていくに必要な収入のあてすらなく、このような生活がいつまで続くのかも分かりません。

翼《つばさ》どころか、くちばしまでをも、もぎ取られた房枝は、生きていく意味を見失って、ついには死を願うようになってしまいました。

房枝は、戦時中に一時疎開《そかい》していた八王子郊外《こうがい》の南多摩《みなみたま》郡川口村（現在の八王子市）にふたたび引っ込んで、畑を耕しながら暮らすことにしました。かつて住み込みのスタッフとして雇い入れたミサオも一緒《いっしょ》でした。二人は、ナスやキュウリ、イモ類を育てるほか、卵をとるためにアヒルを五羽飼うことにしました。鶏卵《けいらん》に比べると匂《にお》いに少しクセがあるものの、アヒルは食用に適した大きな卵を産んでくれるのです。

このような、畑の野菜やアヒルの卵をめぐる、なんでもないやりとりが、次第に、房枝の心を覆《おお》っていた分厚い氷を溶かしつつありました。どん底の日々にあって、かろうじて房枝が死を踏《ふ》みとどまることができた理由のひとつには、若くほがらかなミサオの存在があったのです。

出会ったときはまだ少女だったミサオは、いつの間にか一人の女性に育ち、房枝にとって、有能な秘書兼《けん》気のおけない家族となっていました。三十歳《さい》以上年下のミサオは、房枝には本当に娘《むすめ》のようにも思える存在でした。

そして、公職追放中の一九四九（昭和二四）年、房枝はミサオを養女にしたのでした。

公職追放令、解かれる

ミサオとの生活は、房枝の精神が本当にどん底まで沈みきってしまうのを、防いでくれました。また、友人たちの慰《なぐさ》めや援助も、房枝の心を「生」の側に繫《つな》ぎとめてくれました。

知人が、新聞連載《れんさい》の翻訳《ほんやく》の仕事を持ってきてくれたことも、房枝にとってはありがたいことでした。とある新聞に、毎号、外国の婦人問題に関するニュースを翻訳して寄稿するという内容の仕事でした。この翻訳仕事で、少ないながらも一定の収入を得ることができるようになったのです。

（やっぱり私は、仕事をしていないと駄目《だめ》だな……）

生活の面で助かるのはもちろんのこと、やはり、常に仕事をしていないと自分らしさを保つことができないのだと、房枝は実感したのでした。

一九五〇（昭和二五）年一〇月、ようやく公職追放令が解除されました。公職追放令下にあった三年半は、房枝の人生の中でも、とくに辛《つら》くみじめな思いをした、暗黒の期間でした。

逆にいえば、公職追放令を解かれた房枝は、まさに「水を得た魚」でした。ようやく、世界を自由に泳ぎ回ることができるようになったのです。

また、解放されてから分かったことですが、国内の友人だけでなく、戦前に三年間を過ごしたアメリカの友人たちも、房枝の公職追放令を解くために、海の向こうで奔《ほん》走《そう》してくれていたのでした。房枝は、勝手に一人ぼっちになったと思い込んで、どん底まで落ち込んでいた自分を恥《は》じました。

そしてさっそく、翌一一月には「新日本婦人同盟」の会名を「日本婦人有権者同盟」と改称し、その会長に復帰しました。常に走り回っているのが性《しょう》に合っている房枝にとっては、休みすぎるほど休んだ三年半だったのです。

ここから房枝は、破竹の勢いで女性解放運動や平和運動にかかわるさまざまな団体を結成・組織していきます。

参議院議員になる

一九五三（昭和二八）年、第四次吉田茂内閣《よしだしげる》における衆議院予算委員会でのことです。社会党の西村栄一議員に対して吉田首相が「バカヤロー」と発言したところ、議会は大もめにもめて内閣不信任案が可決、その結果、吉田内閣は解散することになりました。「バカヤロー解散」という、日本の国政上の有名な事件です。

ちょうどこの時、房枝は文化使節としての訪米の帰途を利用して、ヨーロッパ各国を訪問していました。しかし、「吉田内閣が解散したので、帰国を早めてぜひとも議員に立候補するように」との手紙や電報が、友人知人たちから矢継《やつ》ぎ早《ばや》に滞在《たいざい》先まで届けられました。

房枝の周囲で起こった、こうした動きの背景には、次々に明るみに出る政治家の汚《お》職《しょく》など、当時、日本全体を覆《おお》いつつあった、政治に対する不信感がありました。

日頃から房枝の運動に理解を示し、協力してくれている日本の人々の多くは、いまこそ市川房枝が政治の世界に乗り出し、日本の政治を内部から地道に改良していくためのチャンスだと判断したのです。

こうした声に背中を押された房枝は、予定を早めて急遽《きゅうきょ》、帰国しました。そして、かねてから案を温めていた「理想選挙」の実験にはよい機会だと考えて、第三回参議院選挙東京地方区から立候補することにしたのです。

(こんなにいろんな人たちから推《お》されちゃ、出ない理由がないな!)

派手な選挙活動を一切《いっさい》行わなかったにもかかわらず、房枝は第二位で当選しました。これまでの房枝の運動が、有権者の評価となってあらわれたのです。こうして房枝は、六十歳にして、初の議員活動に取り組むことになりました。

参議院議員選挙に出馬する際には、若い頃から付き合いの続く『赤毛のアン』の訳者である村岡花子《むらおかはなこ》も応援してくれました。青春時代に出会った二人の付き合いは後年に至るまで、さまざまな協会や講演の仕事などを通して、あるいは雑誌の対談などを通して続いていました。

房枝は、用事があるとパッと電話をとって、すぐさま花子に依頼《いらい》をしたり、相談をはじめたりしました。そして、前置きもなければ余計な長話なども一切せず、要件が終わったらさっさと電話を切ってしまいます。

だからと言って、気配りをしていないわけではありません。相手に「気遣《きづか》いしてくれている」と思わせるための気遣いをするのが無駄《むだ》だと考えているだけで、決してただのぶっきらぼうではないのです。

花子もそれを分かっているからこそ、房枝がガチャンと受話器を置いた電話線の向こう側で、受話器を握《にぎ》りながら「相変わらずねぇ……」と呟《つぶや》いて苦笑いを浮かべるのでした。

若い頃には無名の教員だった二人が、やがて日本中にその名を知られる存在となり、なおかつ、気のおけない仲間としての付き合いがずっと継続していたというのは、不思議な運命の巡《めぐ》り合わせと言えるでしょう。

理想選挙の実現

市川房枝が人生の後半生で成し遂《と》げた偉業《いぎょう》のひとつに、選挙に関する常識を覆《くつがえ》したことがあげられます。

通算二十五年にわたる議員生活の中で、少しずつその内容は変化を遂げたものの、房枝は、「理想選挙」という斬新《ざんしん》な概念《がいねん》を打ち出しました。これは、「出たい人より出したい人を」という理想に基づくものでした。

選挙に立候補しようという人には、よきにつけあしきにつけ、なんらかの個人的な思惑《おもわく》があるものです。そうではなく、周囲が選挙に出て欲しいと思う人こそが、本当に選挙に出るべき人材である、というのが理想選挙の基本的な発想です。

いわく、選挙運動の推進者は、個人の立候補を望む推薦《すいせん》会である。

候補者は、政見放送や、一部の演説会以外、選挙運動をしない。

候補者は選挙費用を出さず、立候補を望む人が持ち寄った献金《けんきん》を使って補う。

一人から多額の寄付を受けずに、支出は節約し、収支を明らかにする。

選挙違反《いはん》に問われるようなことをしないのはもちろんのこと、法律で許されていても、トラックや拡声器などを使わない。

当初の「理想選挙」は、基本的には右のような原則に基づいて行われました。このような、それまでの常識では決して当選しそうもない方法をとり、市川房枝は当選したのでした。そして、その後も長期にわたって参議院議員の職に就《つ》くことになります。

政治家としての房枝は、「衆参婦人議員団」など、衆議院・参議院の枠《わく》を越《こ》えた議員の協力体制を作って「売春防止法」、「よっぱらい取締法《とりしまりほう》」の制定などに力を注ぎました。また、党の違《ちが》いを越えた協力体制を次々に作って女性解放運動を推し進めるなど、それまでの政治の常識を覆《ふく》す、斬新な運動を起こしていきました。

差別的な先入観と無縁だった房枝は、出馬当時、タレント議員として一部から揶揄《やゆ》されていた青島幸男《あおしまゆきお》らにも積極的に協力を求めて、理想選挙の普及《ふきゅう》や、政治資金の規制につとめました。青島は、房枝に初めて会ったとき、「市川先生は、嘘《うそ》のつけない方だ」と実感し、その場で房枝への協力を約束したといいます。

また房枝は、女性解放運動や、理想選挙の普及に関する運動だけでなく、平和運動にも積極的にかかわり続けました。房枝は、議員になる以前から、平塚《ひらつか》らいてうと「再軍備反対婦人委員会」を結成していました。また一九六〇年代にベトナム戦争が起こり、日本の米軍基地から、たくさんの爆撃機《ばくげきき》がベトナムへ向かうと、北ベトナム爆撃への反対を駐日《ちゅうにち》アメリカ大使に陳情《ちんじょう》するなど、国内外の平和を望んだ具体的な運動を続けていました。

ところが一九七一（昭和四六）年、参議院議員選挙東京地方区で出馬した房枝は、五十五万票超という決して少なくない票を獲得《かくとく》しながら、惜《お》しくも落選してしまいました。

地方によっては十万票台でも当選できるなか、東京の選挙区ではこれだけの票を獲得しても落選してしまうという、選挙制度のいびつな構造を浮《う》き彫《ぼ》りにする出来事でした。

しかし一方で、房枝を支持しようという都民が減少したのは紛《まぎ》れもない事実でした。そこには、地道な候補者が積み上げてきた実績よりも、目新しさ、華やかさに目を引かれてしまうという、大都市化した東京の住民に訪れた変化も影響《えいきょう》していました。

（今後は、政治家以外に出来るやりかたで、社会に尽《つ》くしていこう）

すでに高齢《こうれい》でもあり、加えて、一九五九（昭和三四）年以降に患《わずら》っていた糖尿病《とうにょう》などの病気もあったため、房枝は政治の表舞台から退くことを決意しました。

また、この頃は自伝の執筆《しっぴつ》に時間を割《さ》くようにもなっていました。国政という舞台《ぶたい》でなくても、房枝のライフワークである社会運動は続けられます。落選後の三年間は、議員としてではなく、一市民として、「理想選挙推進市民の会」など、いろいろな運動にかかわりました。

こうした日々のなかで、もはやふたたび議員に立候補しようという気は、まったくなくなっていました。しかし、多くの有権者たちは、房枝がふたたび国政の舞台に立つことを望んでいました。さらに、房枝とは祖母と孫《まご》ほどに年の離《はな》れた青年たちのグループが、他の政治家たちとは違った、ある種の理想像を房枝に見出しました。

言い換《か》えれば、若い人たちが、「市川房枝」という、私欲にまみれることのない理想的な政治家を再発見したのです。そして、なかば強引な方法をとりつつも房枝を担《かつ》ぎ出し、立候補を促《うなが》したのでした。

「市川先生！〈出たい人より出したい人を〉と唱えていたのは、あなたではありませんか。我々、若い有権者は、市川房枝に出馬して欲しいのです！」

いちどは議員を引退した房枝でしたが、こうした人々の想《おも》いに背中を押されて、一九七四（昭和四九）年、参議院議員選挙全国区で第二位当選を果たします。

そしてさらに、一九八〇（昭和五五）年、今度は全国区で第一位当選を果たすことになるのです。房枝は八十七歳になっていました。

子どもの自立

房枝は結婚《けっこん》も子育ても経験しませんでしたが、自身の幼少期の思い出や、教育者としての経歴を通して、独自の教育観を培《つちか》っていました。

たとえば、晩年になって書いた「子どもの時代の想い出」というエッセイのなかには、次のような教育論が記されています。

第一に、子どもの頃から、なるべく自分のことを自分でするようにしつけること。たとえば、朝起きたら寝具を片付け、自分の部屋があるならきちんと掃除《そうじ》をし、着るものも自分で選んで、洗濯《せんたく》もできるようにする。

自分のことが自分でできるようになったら、第二に、家の手伝いをいろいろ経験させること。たとえば、弟や妹がいるならその世話をし、買い物や料理を手伝い、家族の共有スペースを掃除し、家業や田畑の手伝いをできるようにする。

そして第三は、自力で勉強するようにさせること。親が押し付けるのではなく、子どもが自ら行うのが大事だと、房枝は言います。

以上の三つが、親たちに対する「教育」についての提言というだけでなく、直接子どもたちに向けた「実践《じっせん》」的なアドバイスとしても書かれています。房枝は、親が上から押し付ける教育だけでなく、子ども自身が、自ら自分のやるべきことを見出すことこそ重要だ、と考えていたのです。

面白いのは、第二のアドバイスのなかで、家業や畑の手伝いをするように、と言っているところです。房枝の晩年には、社会における職業の細分化が進んでおり、子どもが、家業や田畑を手伝えるような日本の家庭は、すでにそう多くはありませんでした。しかし、房枝は子どもたちに、家業や田畑を手伝え、とアドバイスするのです。

言い換えればこれは、家庭の生業《なりわい》が何であるのかを知り、親がどこからどうやって収入を得て一家の生計を立てているのか、その仕組みについて最低限度の知識を持つように、ということにもなるでしょう。

人間一人一人が「食べていく」ことの重要性を体感し、いずれ自立して生きていく時のビジョンを持つように示しているのです。きっと、子どもであっても親に甘え続けるのではなく、その手助けをしながら自立への道筋を立てよ、ということを伝えたかったのだと思われます。

後年、多忙《たぼう》を極めた生活を送る大人になってからも、房枝は、野菜作りや園芸に興味を持ち続けていました。また、自然や草花が大好きで、とくに富士山の見える景色《けしき》をこよなく愛していました。晩年には、富士山の見える別荘で束《つか》の間《ま》の休暇《きゅうか》を過ごすこともありました。

房枝のこうした傾向《けいこう》には、きっと、幼い頃に手伝った家業の記憶《きおく》や、故郷の美しい農村風景が影響を与えていたのでしょう。しかし、房枝にとっての自然や大地とは、ただ単に眺《なが》めていればよい美しいだけのものではなく、実際に草をむしり、土を耕して付き合わねばならない、厳しい相手でもあったのです。

きっと晩年の房枝の目には、現代社会に生きる子どもたちが「生きるために食べる」、「食べるために働く」という、当たり前のことを忘れがちになっているように見えていたのでしょう。

八十七歳と九カ月の人生

すでに述べたように、一九八〇（昭和五五）年六月、八十七歳の時に、房枝は日本の憲政史上もっとも多い大量票を獲得して、参議院議員選挙全国区で第一位当選をしました。六十歳で参議院議員に初当選してから、通算五度目の当選でした。

八十代に入ってからの房枝は、国内外を飛び回って、それまでと変わらない、いや、それ以上に旺盛《おうせい》な活動を続けていました。その一方で、これまで自分が歩んできた道を——戦時中の部分的な戦争協力に対する反省の念も含《ふく》めて——、後世に伝えようとしていました。

そして、自伝や評論集の執筆・出版、自伝映画の撮影《さつえい》、政治に関する談話の録音などにも時間を割くようになりました。

しかし、第一位当選を果たした八十七歳頃になると、さすがの房枝も、ちょっとした外出で、だいぶ疲《つか》れるようになっていました。あまり、自分の不調を周りに伝えない房枝でしたが、一緒に暮らしているミサオは、しばしば房枝の変調を感じ取るようになっていました。

年が明けた一九八一（昭和五六）年、一月中旬のある日、房枝よりも早く婦選会館に出勤していたミサオは、なかなか会館にやって来ない房枝の様子を見るために、家に戻《もど》りました。

「先生ー、お加減でも悪いんですかー？」

嫌《いや》な予感のしたミサオは、わざと元気に、大きな声を出して玄関《げんかん》をくぐると、房枝の寝室を目指しました。ドキドキと胸が高鳴り、短いはずの玄関から寝室までの距離《きょり》が、やけに長く感じられました。

房枝は、いったん外出着に着替えた状態で、ベッドに横になっていました。

「この辺りが、何だかちょっと、変なんだよ……」

房枝は、苦痛に顔をしかめながら、胸の辺りを押さえていました。よくは分かりませんが、どうやら、心臓に問題があるようです。ミサオは婦選会館のスタッフに電話をして、医者を呼んでもらいました。すぐに飛んできた医者は、房枝の手当をしながら、救急車を手配するように言いました。

房枝は、はじめは救急車を呼ぶのを嫌がっていましたが、どうやら入院の必要がありそうだと気づくと、通院生活での利便性を考えて、自分で和服に着替えました。救急車に乗ってからも、房枝は気丈《きじょう》に振る舞《ふま》いました。

「大丈夫だよ、すぐによくなって、また家に戻って来られるから……。そう簡単に、死にゃあしないよ」

こう言って、逆にミサオを励《はげ》まし続ける房枝の顔に、酸素吸入器が付けられました。こうして房枝は、生涯《しょうがい》で初めての緊急《きんきゅう》入院をすることになったのです。

集中治療《ちりょう》室に入り、チューブでがんじがらめになった房枝の病名は、心筋梗塞《しんきんこうそく》でした。病状が少しよくなり、会話を交わせる日もありましたが、あまり長く話すわけにもいきません。いつも一言、二言交わすだけで、ミサオは病室をあとにするのでした。

そんなある日、房枝の見舞《みま》いを終えたミサオが自宅に戻ると、証券《しょうけん》会社から、一通の速達が届いていました。開封《かいふう》すると、なかには遺言状《ゆいごんじょう》の書き方などの書類が入っていました。入院前に、房枝が依頼していたもののようでした。縁起でもない、と、ミサオはそれを房枝に見せることはせず、引き出しにしまい込みました。

入院から半月ほど経《た》った頃、房枝はいくらか元気を取り戻し、ベッドの上に起き上がれるほどになりました。

「綺麗《きれい》な富士山だねぇ……」

房枝の言葉に促《うなが》されて、ふと窓の外を見ると、夕焼けに彩《いろど》られて赤く染まった富士山が、美しい姿を見せていました。ミサオは相槌《あいづち》を打つことも忘れて、深く雪を被ってなお気高くそびえる赤富士の威容《いよう》に、ただただ見とれるばかりでした。

入院生活のなかで、房枝の生命の灯《ともしび》は、徐々《じょじょ》にその力を弱めていきました。そして、入院から一カ月弱が経った二月一一日の朝、房枝は静かに息を引き取りました。八十七歳九カ月の生涯でした。

房枝は、元気な頃にたびたび訪れていた御殿場《ごてんば》に眠っています。生前、お気に入りの地である御殿場にお墓《はか》を買っていたのです。「いこい」と彫《ほ》ってある房枝のお墓は、富士山がとても綺麗に見える場所に建てられています。

市川房枝、1977年撮影（Fujifotos／アフロ）。

おわりに

頑固《がんこ》で一本気だった市川房枝《いちかわふさえ》は、決して器用な人ではありませんでした。房枝が東京に出てから付けられたあだ名に「野中の一本杉」というものがあります。凛《りん》として、まっすぐに枝葉を広げながら立っている一本の杉の木……。孤独《こどく》にそびえ立つ代わりに、遠くの人にもすぐに見つかるランドマークの役割を果たしているイメージもあります。それに、孤独なようでいても、立っているのは決して荒野《こうや》ではなく、たくさんの植物で茂《しげ》っているであろう野原なのです。

群れるために群れるのではなく、我が道を行きながらも常に周りの人々のことを考えていた房枝には、ぴったりのあだ名だったかも知れません。

もうひとつ、昔のあだ名に「だいこんの花」というものもありました。

大根が咲かせる白い花はひとつひとつが小さくて、決して華やかなものではありません。切り花にして派手な花瓶《かびん》に挿《さ》してもじゅうぶんに見栄えがするような、薔薇《ばら》や百合《ゆり》のような花とは、まったく住む世界が違《ちが》うのです。

しかし「だいこんの花」には、飾《かざ》りのない美しさがあります。大地に根付く大根の花だからこその、生命力あふれる瑞々《みずみず》しさがあります。

いずれのあだ名も、なぜそう付けられたのかははっきり分かりませんが、それなりに房枝の人柄《ひとがら》をあらわしているように思われます。

また、房枝本人もこれらのあだ名を気に入っていました。その証拠《しょうこ》に、晩年、そして没後《ぼつご》に出版された二冊の随筆《ずいひつ》集はそれぞれ、『だいこんの花』、『野中の一本杉』と名付けられたのでした。

ただし、いささか失礼にも聞こえるあだ名も幾《いく》つかありました。

たとえば、婦選運動の仲間たちからは、親しみを込《こ》めてひそかに「もみくちゃの十円札」などと呼ばれていました（かつては十円もお札だったのです）。経理の能力に長《た》け、なおかつ飾りっ気のなかった房枝ならではのあだ名だと言えるでしょう。

房枝が亡《な》くなった翌年、『市川房枝というひと』と題した追悼《ついとう》文集が出版されました。ここには、房枝をよく知る百人の人々の回想文が収められています。こうした本が出版されたことからも、房枝の人徳が偲《しの》ばれるのですが、じつはこの本にもうひとつ、変わったあだ名が記されています。それは、「憤慨《ふんがい》ばあさん」というものです。

参議院議員時代の房枝は、房枝よりずっと年若い男性議員仲間から、ひそかに「憤慨ばあさん」と呼ばれていました。一見失礼なあだ名でもありますが、これは、房枝の次のような口癖《くちぐせ》に由来する、ある種の尊敬を込めたあだ名でもあったようです。

「私は憤慨しとるんですよ！」

房枝は、政治に関する不満があると、いつもこのようにして憤《いきどお》りを露《あら》わにするのでした。そして、『市川房枝というひと』において、こっそりと房枝を「憤慨ばあさん」と呼んでいたことを告白したのは、タレントで参議院議員だった青島幸男《あおしまゆきお》でした。

青島は政治家として房枝と近しい間柄でした。そして、『サザエさん』で有名な長《は》谷川町子《せがわまちこ》の漫画《まんが》『いじわるばあさん』がＴＶドラマ化された際、一九六〇年代、八〇年代の二度にわたって、男性であるにもかかわらず主演の「いじわるばあさん」をつとめた人でもありました。

一見失礼な「憤慨ばあさん」のあだ名はきっと、この「いじわるばあさん」に由来するものだったのでしょう。

多くの人は大人になると、不正なことや不当なこと、不平等なことに出くわしても、「そんなものか……」と諦《あきら》めの念を抱《いだ》いて、ときには見て見ぬふりをするようにもなってしまいます。子どもの頃《ころ》の、純粋な正義感や憤りの気持ちを、いつの間にか忘れてしまうのです。

ところが房枝は、大人どころか「おばあさん」と呼ばれるような年齢《ねんれい》になっても、おかしいと感じたことに対して、きちんと憤慨できる感性を持ち続けていました。このあだ名は、その瑞々しい感性に敬意を表して付けられたものでもあったようです。

房枝に付けられた歴代のあだ名はどれもが、たおやかで美しいものとは言えません。しかし、これらのあだ名に含《ふく》まれる、どっしりとした土の匂いや反骨精神には、名付けた人たちからの、暖かな眼差《まなざ》しや尊敬の念が含まれているようにも思えます。

不平等なことがあると、よく憤慨していた房枝の怒《いか》りの根っこには、常に、人と人との間の平等を求める「優《やさ》しさ」がありました。少々乱暴にも見えるあだ名を付けた人たちも、その優しさに気付いていたのです。

「ふうさま」と呼ばれていた頃の、お転婆《てんば》で一本気だった房枝。

長じてからさまざまなあだ名を背負い込むようになってからも、その心の真ん中には、常に「ふうさま」がいました。

房枝が年をとってから知り合った仲間たちも、きっと、しわくちゃのおばあさんがごくたまに窺《うかが》わせる、幼い「ふうさま」の影《かげ》に魅《み》せられていたのです。

幼い頃、泣きながら、父に殴《なぐ》られる母をかばっていた房枝。

そのときの、優しさに起因する憤りこそが、市川房枝という人物が生涯《しょうがい》絶やすことのなかった炎の芯《しん》だったのです。

最後にもう一度、本書冒頭《ぼうとう》でとりあげた、房枝が掲《かか》げるモットーを見てみましょう。

平和なくして平等なく
平等なくして平和なし

市川房枝が考えていた「平和」とは、みせかけの裕福《ゆうふく》さや幸福ではなく、人間どうしが、互《たが》いにその価値を認め合える「平等」の中でこそ、実現可能なものでした。

そして「平等」とは、真に「平和」と呼べる環境《かんきょう》作りの中でこそ、はじめて生じ得るものです。戦時下での平等など、どうやっても有り得ないのです。

市川房枝の求めていた平和と平等とは、互いが互いを求め合う、コインの裏表のようなものなのでした。

巻末エッセイ

市川房枝《いちかわふさえ》さんと私とあなたの「バトンリレー」

辻元清美

今では信じられないかもしれませんが、今から七十年前に日本が戦争に負けるまで、日本にはひとりも女性の国会議員がいなかったのです。それだけではありません。女性はひとりも選挙に投票することすら出来なかったのです。

そんな時代に「女性にも選挙権を」と主張して、命がけで頑張《がんば》ったのが市川房枝さんです。「婦選運動」と呼ばれた、婦人（女性）参政権を求める運動を、全国で展開したのです。

今は誰《だれ》でも気軽に海外旅行に行ける時代。私はNGOの活動などで約六十カ国を訪れていますが、当時は、外国に出かける人は珍《めずら》しかった時代です。特に女性が海外で勉強するなんて、ビックリ！　の時代だったのです。そんな時代に市川房枝さんはアメリカやヨーロッパに渡航《とこう》し、見聞と知識を深めていったのでした。市川房枝さんの当時の颯爽《さっそう》とした写真を見るたびに、「なんて、勇敢《ゆうかん》な女性だったのだ」と感嘆《かんたん》してしまいます。

戦後、新憲法のもとでやっと女性が選挙権を得て、市川房枝さんは自《みずか》らも国会議員になりました。そして、「政治とカネ」の問題を取り上げ、クリーンな政治を求める運動を続けたのでした。そんな市川房枝という女性は、日本中の女性の憧《あこが》れのシンボルになりました。

私には、強く記憶《きおく》に残る思い出があります。

私の子ども時代、家には本が一冊もありませんでした。祖父が太平洋の島で戦死したため、父は中学校を出てすぐに働きに出ました。その後、母と結婚《けっこん》し私が生まれたのです。商売がうまくいかないこともあって、洋服屋、クリーニング屋の集配、うどん屋など、仕事をいくつも変えながら、私たち一家は、奈良《なら》、大阪《おおさか》、名古屋《なごや》と引《ひ》っ越《こ》しを繰《く》り返しました。小さな商売一筋の両親や私の周りにいた人たちは、本を読む余裕《よゆう》もない暮らしでした。

そんなある日、珍しく母親が「清美《きよみ》、これ読んでみ」と一冊の本を買ってきてくれました。私が教科書以外で初めて手にした本、それが市川房枝さんの伝記でした。本を読まない母親でしたが、市川房枝さんのことは尊敬していました。

私にとって初めての「本」のページを開いたときは、まさか将来、市川房枝さんたちが人生をかけて手に入れてくれた女性の参政権によって、市川房枝さんと同じ国会議員になるとは、夢にも思いませんでした。

日本社会ではずっと女性の地位が低く、常に男性の下の存在として扱《あつか》われてきました。子どもの私はそこに反発を感じていました。「同じ人間なのに、なぜ女は差別されるの」と。私が弟に比べて、何かと積極的にふるまうのを見て、いろんな人に「姉が男で弟が女だったらよかったのに」とため息をつかれ、子ども心に不満でなりませんでした。小学生の高学年になったときは、ランドセルを赤から黒に替《か》えて通学していました。子どもながらの抵抗《ていこう》だったように思います。

そんな子どもだったので、市川房枝さんの本は興味津々《きょうみしんしん》で一気《いっき》に読みました。「かっこいい女性やなぁ」このときの衝撃《しょうげき》が、将来の私の人生を左右したかもしれません。

女性はいつもかわいらしく従順にしていなければならない、という「刷《す》り込《こ》み」。これは、今も日本社会に根強く残っています。「女だから」「女なのに」「女のくせに」という言葉が、これまでずっと私のまわりについてまわってきました。

私より六十七歳《さい》年上の市川房枝さんの、一九世紀《せいき》から二〇世紀後半までの八十七年間の生《しょう》涯《がい》に、「女だから」「女なのに」「女のくせに」「女だてらに」と、どれだけのプレッシャーがかかっていたか。私には想像つかないくらい壮絶《そうぜつ》なものだったはず。市川房枝さんの生涯を振《ふ》り返るとき、そのことは忘れてはならないと肝《きも》に銘《めい》じています。

一九八〇年、大学生になった私は東京で暮らしはじめました。二十歳のときです。

私は当時、予備校で英語を教えていただいた作家の小田実《おだまこと》さんに誘《さそ》われて、韓国《かんこく》の民主化を支援《しえん》する国際会議のボランティアをしていました。そのとき、小田さんと一緒《いっしょ》に働いていた方の事務所に書類を届けに行ったことがありました。新宿駅南口の大きなマンションでしたが、その隣《となり》に大きく「婦選会館」と看板が出ているではないですか。

「ここがあの市川房枝さんの……」と感動しましたが、大学に入ったばかりの私には、とてもお訪ねする勇気がありませんでした。市川房枝さんはその数カ月後に亡《な》くなられ、一度もお会いすることが出来なかったことは、今でも残念です（以来私は、「この人に会いたい！」と思ったら、全力をつくして実現しようと心に決めています）。

その後私は、一九八三年にピースボートという国際交流NGOを仲間四人で設立しました。「過去《かこ》の戦争を見つめ未来の平和をつくる」「みんなが主役で船を出す」をスローガンに、アジアそして世界の国々へ「平和の旅」で地球を何周もしました。

そして一九九六年、三十六歳のときに、女性初の衆議院議長を務められた土井《どい》たか子《こ》さんから直接、「女性の国会議員が少ない。清美さん、一緒に政治を変えましょう」と衆議院議員選挙への出馬要請《ようせい》があったのです。

土井たか子さんといえば、市川房枝さん同様に女性政治家のシンボルのような方。私は土井さんに憧れて、学生時代に選挙ボランティアに参加したことがあったのです。お受けするかどうか、私は悩《なや》みました。そして、当時名古屋でうどん屋をしていた母に相談の電話をかけました。

「土井たか子さんのような立派な女性のリーダーからの要請を断ったらダメ。お受けして市川房枝さんや土井さんに続く仕事をしなさい」と母はきっぱり言ったのです。

母は、私が子どものころから「女も仕事を持たなアカン」と口癖《くちぐせ》のように言っていました。母は大学に行って勉強したかったけれど、「女が勉強をする必要はない」と家の手伝いばかりさせられ、「女のくせに」と言われ続けて、悔《くや》しい思いをしてきたのです。だから、社会を変えてほしいと望みをかけて、子どもの私に市川房枝さんの伝記を読ませたのかもしれません。

そんな母に背中を押《お》され、私は決断しました。一週間後に始まった第四十一回衆議院議員選挙で、私は「女性国会議員を増やそう」と声を限りに訴《うった》えました。市川房枝さんが切り開いてくれた女性の政治参加への道を、土井たか子さんと一緒に前へ進めたい。そんな思いで選挙戦をたたかいました。そして、一九九六年一〇月二〇日に当選したのです。

母から一冊の本を受け取ってから四半世紀がたち、私は市川房枝さんと同じ国会議員になりました。この日から「市川房枝に続け」と頑張る日々が始まったのです。

さあ、初登院。ピカピカの国会議員一年生だった私は、緊張《きんちょう》と希望を胸に、衆議院本会議場へ。ところが、一歩足を踏《ふ》み入れて愕然《がくぜん》！「男、男、男……。男ばっかりやんか！」、国会は「男の殿堂《でんどう》」だったのです。女性は「希少《きしょう》動物」のような存在に見えました。国会内の会合で、「三十六歳・オンナ」の私は、受付で「秘書はあちら」と間《ま》違《ちが》えられることがいかに多かったことか。議員は男、秘書は女という決めつけが横行していました。「私は議員です」と答えると、受付の人が不審《ふしん》そうに頭の先から足の先までジロー。「悔しい」と涙《なみだ》が出そうなときもありました。このときの「いまに見ていろ」と思ったファイトが、いまも国会活動の原動力になっています。

国会議員の初仕事として、私はまず、議員立法でＮＰＯ法（特定非営利活動促進《そくしん》法）をつくりました。そして、情報公開法や被災者《ひさいしゃ》生活再建支援《しえん》法、児童買春・ポルノ禁止法の成立にも力を尽《つ》くしました。同時に、多くの女性たちと一緒に男女共同参画《さんかく》社会基本法の成立を目指《めざ》し、当選から三年目の一九九九年、実現にこぎつけました。女性に初めて参政権が与えられてから五十三年が経《た》ってようやく、日本初の「男女平等」基本法を誕生《たんじょう》させることができたのです。

その後、民主党中心の連立政権では、国土交通副大臣や内閣総理大臣補佐《ほさ》官を務めましたが、やっぱり秘書官など一緒に働く官僚は全員男性、政府の会議に出席すれば、私以外は見《み》渡《わた》す限り男性ばかり、という日々でした。女性が参政権を獲得《かくとく》してから七十年たっても、この国では、重要なことはほとんど男性だけで決められているのだ。「化石のような国だ」、と再認識しました。ここを変えないと日本は先進国だなんて言えない！

二〇一四年現在、日本の女性国会議員の割合は衆議院で八・一%と世界一八九カ国中一三四位。参政権が与えられ、希望に燃えて女性が初めて投票した一九四六年四月、このときは八・四%ですから、このときより減っているではないですか！　これでは、市川房枝さんが天国で泣いていらっしゃるのではないかしら。

国会議員の女性比率が、一番高い国はアフリカのルワンダで六四%、アフリカの小さな国ですが半数以上が女性なのです。ノルウェーでは一九七〇年代から政党が国政選挙で候補者名簿《めいぼ》の一定割合（クォータ制）を女性にするようになり、今では、国会議員一六九人中女性は六七人、首相《しゅしょう》と財務相の政権トップ2は女性で閣僚《かくりょう》の半数が女性です。日本とえらい違いですね。フー、ため息が出ます。

世界の男女平等ランキングで、日本は一〇五位。欧米《おうべい》だけではなくブルンジなどアフリカ、中国やカンボジアといったアジア、コスタリカやアルゼンチンといった中南米など、世界から大きくおくれをとっているのです。

私は、政権に入って仕事をスタートさせたとき、「やっぱり、女はダメだ」と絶対言われたくない、しっかり、仕事に結果を出すことが男女平等を進めることだと、必死で働きました。たとえば私が国交副大臣のときに、倒産《とうさん》寸前だったＪＡＬの再建や、戦後最大の労働問題といわれた「旧国労問題」の和解、という超《ちょう》難問に取り組みました。これまでの政権で「解決不可能」と先送りされてきた問題をなんとか解決に導けたのは、私に「しがらみ」がなかったこともあります。黒子《くろこ》に徹《てつ》して関係者と徹底的にコミュニケーションをはかり、対立ではない関係をつくろうと奔走《ほんそう》したからです。

観光にも力を入れ、アジアからの観光客を過去最大にしました。中国からの訪日客に対してビザの所得制限を引き下げたからです。「予算のかからない経済政策」と評価されましたが、一方で私には「観光は人間の安全保障」という感覚がありました。近隣《きんりん》諸国といかに良好な関係をつくるかは日本の死活問題。中国や韓国から観光に来てもらい、友だちをつくり、美味《おい》しいものを食べて、お土産《みやげ》をいっぱい買って帰ってもらう。そして日本からも中国を訪問する。こんなヒト・モノ・カネの移動の活性化は、地域の安定をもたらすのです。

「オレがオレが」となりがちで、「勝ち負け」で物事をはかることの多い男性政治家とは違うアプローチを試みた結果では、と考えています。

総理大臣補佐官のときは、広大な東日本大震災《しんさい》の被災地を車で回りながら、政府や県や市町村、自衛隊、ボランティアが連携《れんけい》する「場づくり」を進めました。同時に、避難所《ひなんじょ》で女性が着替えや授乳《じゅにゅう》もできないしんどい思いをしていることから、「パーテーション四万枚」や「自立のための炊《た》き出し用具」などを被災地に送りました。総理大臣直轄《ちょっかつ》のチームをつくって、シングルマザーや障がい者などへの寄《よ》り添《そ》い支援や、自殺予防に取り組みました。

被災者支援でも、最初は女性や子どもが置き去りにされがちだったのです。当時、被災者生活支援特別対策本部には女性は私ひとりだけ。私は全女性のために頑張らなければ、という思いでした。

日本でも、最近、特に女性閣僚《かくりょう》の数を増やしたり、政党の役員に女性を並べたりするようになりました。でもここで要注意！　女性の「活用」といった言葉が横行しているからです。

いま叫《さけ》ばれている「経済成長のために女性の活用」「少子化対策のために女性の活用」という発想は、戦前、「産めよ増やせよ」「富国強兵」といった掛《か》け声《ごえ》のもと、女性が「活用」された発想と同じではないでしょうか。外見を装うだけの女性重視策で実は女性蔑視《べっし》につながっているのではないか。それを見極《みきわ》めなければなりません。

たとえば、戦前の治安維持《いじ》法の復活だとも指摘《してき》される「特定秘密保護法」や原発再稼働《かどう》問題の担当大臣に女性をつけたり、他国の戦争に参加する集団的自衛権行使への賛同を女性議員に表明させることで、問題の危《あや》うさをカムフラージュする。権力者の親衛隊やアクセサリーのような存在として女性が「活用」されていないか、常に心しなければなりません。歴史を見れば、女性蔑視と戦争やファシズムはセットになってやってきます。

「平和なくして平等なく、平等なくして平和なし」これは市川房枝さんの言葉です。

真の男女平等を実現することは、平和を守ることにも通ずる。市川房枝さんのこの言葉にそんな思いが凝縮《ぎようしゆく》されています。男性社会が築いてきた硬直《こうちよく》した上下関係やヒエラルキーを女性が乗り越《こ》えて、女性が自分の主張や生き方を貫《つらぬ》ける社会、そんな社会はきっと風通しの良い平和な社会になるのではないかしら。

私は、この本を、ぜひ、若い男性に読んでほしい、と願っています。

女性の人権が尊重《そんちよう》され、女性が生きやすい社会は、男性にとっても素晴《すば》らしい社会なのです。そんな社会に、一緒にしていきましょう。

あきらめず、へこたれず……。一人の力は「微力《びりよく》」でも「無力」ではないのです。

真の男女平等に向けてのバトンリレーは続きます。

市川房江さんから母に、そして私に引き継《つ》がれた「バトン」を、今度は、この本を読んでくださった「あなた」に渡《わた》したい。

未来のために、一緒に、走りましょう。

追記　このコラムを書き終わろうとしている九月二七日。明後日から「女性の活用」を訴《うった》える安倍《あべ》総理と対決する国会が始まろうとしているその日に、土井たか子さんが二〇日にお亡くなりになった、と連絡を受けました。「強きをくじき、弱きを助ける」「平和なくして福祉《ふくし》なし」そんな土井さんからのバトンを皆《みな》さんに手渡すため、私は前へ進みます。

空の上にいるお二人を「まだまだダメね」と失望させないように、頑張らなければ。

つじもと・きよみ

一九六〇年生まれ。政治家。衆議院議員。早稲田大学在学中、NGO「ピースボート」を設立。九六年、社会民主党から出馬し衆議院議員となり、NPO法、情報公開法、男女共同参画社会基本法などに取り組む。二〇〇二年、秘書給与流用疑惑により辞職。〇五年、再び衆議院選挙に出馬し当選する。〇九年、鳩山由紀夫内閣で国土交通副大臣。一〇年、社民党連立政権離脱に伴い副大臣を辞職し、その後、社民党を離党し民主党に入党する。一一年三月、東日本大震災を受け、災害ボランティア担当の内閣総理大臣補佐官に就任。現在、民主党ネクスト内閣府特命大臣（男女協同参画、子ども貧困、NPO、社会的包摂等担当）、立憲フォーラム幹事長を務める。

〈年表〉

西暦	年齢	出来事
一八九三（明治二六）	0	五月一五日、愛知県中島郡明地村（現一宮市）の農家に三女として誕生。「ふさゑ」と命名され、六人兄弟姉妹の四番目であった。
一八九九（明治三二）	6	明地村立命地尋常小学校に入学。
一九〇三（明治三六）	10	起町外三ヶ村学校組合立西北部高等小学校に入学。
一九〇七（明治四〇）	14	朝日尋常高等小学校卒業。役場へ渡米願いを出すも未成年のため叶わず、実家の農業を手伝う。 〈日露協約が調印される。〉
一九〇八（明治四一）	15	単身上京で女子学院に入学するも七月に帰郷。九月、荻原町立荻原尋常小学校の代用教員に。
一九〇九（明治四二）	16	尋常小学校准教員免許を取得。四月、愛知県第二師範学校女子部の一年に入学。
一九一二（明治四五）	19	東京女子高等師範学校を受験するも不合格。 〈中国で清朝滅亡。〉
一九一四（大正三）	21	〈第一次世界大戦が勃発。〉
一九一六（大正五）	23	『六合雑誌』に投稿し、掲載。弟の武、死去。 〈『婦人公論』が創刊。〉

一九一七（大正六）　24　名古屋新聞（現中日新聞）の記者になる。
〈『主婦之友』が創刊。〉
〈ロシア一〇月革命。〉

一九一八（大正七）　25　新聞社をやめて上京。仕事をしながら兄、藤市の友人である山田嘉吉・わか夫妻の塾で英語を習い、ここで平塚らいてうらと出会う。
〈八月、シベリア出兵。一一月、ドイツ降伏により第一次世界大戦が終わる。〉

一九一九（大正八）　26　「大日本労働総同盟友愛会婦人部」の書記に就任するも、翌々月辞任する。
一一月には平塚らいてうと「新婦人協会」を創立する。
〈ベルサイユ条約調印。〉

一九二〇（大正九）　27　新婦人協会機関誌として『女性同盟』を発刊する。

一九二一（大正一〇）　28　新婦人協会役員を辞任し、読売新聞の特派員として渡米。現地では婦人運動や労働運動を見学する。

一九二四（大正一三）　31　サンフランシスコ経由で帰国。またＩＬＯ（国際労働機関）の東京支局開設に参加。職員となる。
〈第二次護憲運動。〉

一九二五（大正一四）　32　一月一七日、第一回婦選獲得演説会開催。一一月には婦人問題研究所設立。
〈普通選挙法、治安維持法公布。〉

一九二六（大正一五）　33　「国際労働協会婦人委員会」の委員として婦人の坑内労働や深夜業禁止のため、調査する。

一九二七（昭和二）　34　婦選運動に専念するため、ＩＬＯ東京支局を辞職する。

一九二八（昭和三） 35 「婦選獲得共同委員会」を、無産派などを含む七団体で組織。

〈日本で初めて男子普通選挙が実施される。〉

一九三〇（昭和五） 37 第一回全日本婦選大会を婦選獲得同盟主催で開催。

〈大日本連合婦人会設立。〉

一九三二（昭和七） 39 「婦選団体連合委員会」を、無産婦人同盟を含む四団体で組織。

〈五・一五事件。〉

一九三三（昭和八） 40 第四回全日本婦選大会を開催。

〈ヒトラー、ドイツ首相に就任。〉

一九三五（昭和一〇） 42 父、藤九郎が八十八歳で死去。

一九三六（昭和一一） 43 〈二・二六事件が起こる。〉

一九三七（昭和一二） 44 第七回全日本婦選大会を開催。

「日本婦人団体連盟」を戦時生活に対処するため、八婦人団体で組織。

〈日独伊三国防共協定調印。〉

一九三八（昭和一三） 45 国民精神総動員中央連盟「非常時国民生活様式委員会」の委員に任命される。

一九三九（昭和一四） 46 「婦人問題研究所」を婦選獲得同盟創立十五周年の記念に再建。

一九四一（昭和一六） 48 母、たつ。八十二歳で死去。

〈真珠湾攻撃により、太平洋戦争が始まる。〉

一九四二（昭和一七） 49 「大日本婦人会」審議員に指名される。一二月には「皇民報国会」の招きによる台湾旅行の途中で「大日本言論報国会」理事へと加えられる。

〈愛国婦人会・国防婦人会・大日本連合婦人会を統合し、大日本婦人会が結成。〉

一九四四（昭和一九） 51
婦人問題研究所図書資料とともに東京都南多摩郡川口村（現八王子市）に疎開する。

一九四五（昭和二〇） 52
「新日本婦人同盟」を創立し、会長に就任する。
〈日本、無条件降伏。太平洋戦争が終結する。一〇月にはマッカーサーによる、五大改革指令で参政権付与による婦人解放が指示される。〉

一九四六（昭和二一） 53
選挙人名簿記載漏れで、婦人参政権初行使となる総選挙に投票できず。一二月、婦人問題研究所が所有する婦選会館竣工記念婦選展覧会を開催。
〈GHQが一月四日に公職追放指令を、一月二一日に公娼制度廃止指令を出す。〉

一九四七（昭和二二） 54
第一回参議院議員選挙立候補のために資格審査請求をするが、大日本言論報国会理事であったことが原因で公職追放に、新日本婦人同盟会長を辞任する。
後に追放取消請求運動が拡がる。

一九四九（昭和二四） 56
平塚らいてう、堺ためとともに、婦選運動の功労者として第二回婦人の日大会で表彰される。八月、真下ミサオを養女にする。
〈中華人民共和国成立。〉

一九五〇（昭和二五） 57
追放が解除される。新日本婦人同盟臨時総会にて、「日本婦人有権者同盟」へ改称。会長に復帰する。
〈朝鮮戦争勃発。〉

一九五一（昭和二六） 58
〈サンフランシスコ平和条約、日米安保条約の調印。〉

一九五三（昭和二八） 60
第三回参議院議員選挙に東京地方区より理想選挙で立候補。二位当選を果たす。

一九五六（昭和三一）	63	〈第一回世界婦人大会がコペンハーゲンで開催される。〉 〈日本が国連に加盟する。〉
一九五八（昭和三三）	65	第一回婦選会議が日比谷図書館で行われる。
一九五九（昭和三四）	66	第五回参議院議員選挙、東京地方区二位で再選される。
一九六〇（昭和三五）	67	〈日米新安保条約の調印。〉
一九六二（昭和三七）	69	日本婦人有権者同盟会長に三度目となる就任。院内会派「第二院クラブ」を結成する。 〈新日本婦人の会結成。〉
一九六三（昭和三八）	70	戸籍名を「房枝」に改名。 〈ケネディ米大統領暗殺。〉
一九六四（昭和三九）	71	〈東京オリンピック開催。〉
一九六五（昭和四〇）	72	ライシャワー駐日米大使にベトナム紛争に関する申し入れの陳情を行う。 〈アメリカ、北ベトナムへの爆撃を開始する。〉
一九六六（昭和四一）	73	「政治資金規制協議会」を中野好夫、長谷部忠らと結成する。
一九六七（昭和四二）	74	都知事選挙にあたって「みのべ氏の理想選挙を支持する会」を結成し、革新統一候補を応援する。 〈東京都知事に美濃部亮吉が当選。初の革新知事となる。一一月には国連が「婦人に対する差別撤廃宣言」を採択。〉
一九六九（昭和四四）	76	新婦人協会創立五十周年記念小集会が開催される。 〈アポロ一一号が月面に着陸する。〉

一九七〇（昭和四五）　77　日本婦人有権者同盟会長を辞任し、名誉会長となる。一〇月一三日から一一月三日の間、国連総会、中間選挙、ウーマン・リブの視察で渡米する。〈一一月一四日には日本初のウーマン・リブ討論会「性差別への告発」が開催。〉

一九七二（昭和四七）　79　『私の政治小論』『私の婦人運動』を出版する。

一九七四（昭和四九）　81　一月「家庭科の男女共修をすすめる会」を発起人として結成。九月、「東京都婦人労働問題協議会」が発足され、座長となる。〈ウォーターゲート事件でニクソン米大統領が辞任する。〉

一九七五（昭和五〇）　82　「国際婦人年をきっかけとして行動を起こす女たちの会」を田中寿美子らと結成。参議院本会議では「国際婦人年にあたり婦人の社会的地位向上をはかる決議」の趣旨説明を行い、一一月には「国際婦人年日本大会」を実行委員長として開催する。〈公職選挙法・政治資金規正法改正が公布される。〉

一九七六（昭和五一）　83　「民主政治をたてなおす市民センター」を代表者として開設。一一月一三日、次姉たま、八十七歳で死去。〈五月一七日、ロッキード疑獄の真相究明を要求する婦人実行委員会が十四団体によって結成。七月二七日、ロッキード事件で田中角栄前首相が逮捕される。〉

一九七七（昭和五二）　84　全イラク婦人連盟の招きでイラク訪問を行う。

一九七八（昭和五三）　85　『日本婦人問題資料集成第一巻　人権』を出版。九月、イタリアのアデライデ・リストーリ賞を受賞する。

一九七九（昭和五四）　86　『だいこんの花』を出版。「汚職に関係した候補者に投票をしない運動をすすめる会」を十七団体、代表世話人として結成する。

〈五月、イギリス初の女性首相にサッチャー就任。六月、日本女性学会設立。一二月国連は「女子に対するあらゆる形態の差別の撤廃に関する条約」を採択する。〉

一九八〇（昭和五五）　87

第十二回参議院議員選挙、全国区一位で当選を果たす。

〈国連が主催する、国連婦人の十年中間年世界会議が開催。女子差別撤廃条約の署名に日本も参加する。〉

一九八一（昭和五六）

一月、心筋梗塞の発作で日赤医療センターに入院するも、翌月一一日に死去。八十七歳九カ月。

二月一三日、参議院本会議で二十五年永年在職議員の表彰を受ける。五月一五日、冨士霊園に埋葬。

〈日産自動車事件、最高裁判所で男女定年格差に違憲判決が下る。〉

〈読書案内〉

本書の執筆にあたっては、次のものを参考にしました。もっと詳しく知りたい方は、これらの本を手に取ってみてください。きっと新しい発見を得られることでしょう。なお、なかには刊行が古く書店で手に入らない本もあります。その場合は図書館などをまわって探してみましょう。

『市川房枝自伝　戦前編』 市川房枝、新宿書房、一九七四年

市川房枝が、生まれてから太平洋戦争を迎えるまでの歩みを記した自伝です。タイトルに戦前編とあるのは、続編として戦後編を構想していたためですが、結果として戦後編が書かれることはありませんでした。時系列に沿って記された、市川房枝唯一の自伝です。

『だいこんの花　市川房枝随想集』 市川房枝、新宿書房、一九七九年

市川房枝が生前に出版した随想集です。幾つもの短いエッセイが、自伝とは異なる柔らかい筆致で書かれており、房枝のひととなりを知るのには、ちょうど良い入門書だといえます。没後に出版されたもう一冊の随想集『野中の一本杉』もあわせて読むとよいでしょう。

『覚書・戦後の市川房枝』 児玉勝子、新宿書房、一九八五年

市川房枝は、戦前編、戦後編の二冊に分けて自伝を書く計画を持っていましたが、結果として戦後編を書く前に亡くなってしまいました。本書は、婦選獲得同盟や婦人問題研究所での活動を通

して市川房枝の側にいた著者がまとめたもの。自伝の戦後編を補う意味を持つ貴重な一冊です。

『市川房枝というひと　一〇〇人の回想』 市川房枝というひと刊行会編、新宿書房、一九八二年

市川房枝の没後に、生前の房枝を知る百人もの人々が書いた追悼の随想集です。房枝本人が書いたものとは異なり、故人の意外な一面が覗けるのが楽しい一冊。ぱらぱらとめくってみて、興味を引かれた文章から読んでみるのもよいでしょう。

『平和なくして平等なく平等なくして平和なし　写真集市川房枝』 市川房枝記念会女性と政治センター監修、ドメス出版、二〇一三年

市川房枝が歩んできた女性解放運動や平和運動の道のりを、ふんだんな写真資料を使って紹介する写真集。文字資料を読むだけでは分からない、房枝が生きていた当時の雰囲気が、豊富な写真を通してひしひしと伝わってきます。

（その他、参考資料）

『市川房枝集』 一〜八巻・別冊一巻、日本図書センター、一九九四年

『私の婦人運動』 市川房枝、秋元書房、一九七二年

『野中の一本杉 市川房枝随想集2』 市川房枝、新宿書房、一九八一年

『市川房枝　―私の履歴書ほか（人間の記録八十八）』 市川房枝、日本図書センター、一九九九年

『女性史を拓く1　母と女　平塚らいてう・市川房枝を軸に』 鈴木裕子、未来社、一九八九年

『市川房枝おもいで話』 市川ミサオ、日本放送出版協会、一九九二年

『市川房枝と「大東亜戦争」　フェミニストは戦争をどう生きたか』新藤久美子、法政大学出版局、二〇一四年
『自立した女の栄光（女の一生　人物近代女性史5）』瀬戸内晴美他、講談社、一九八〇年
『石原莞爾　生涯とその時代　下巻』阿部博行、法政大学出版局、二〇〇五年
『複合汚染』有吉佐和子、新潮社、一九七五年
『見よ、飛行機の高く飛べるを』永井愛、而立書房、一九九八年
『文藝別冊　村岡花子』村岡恵理監修、河出書房新社、二〇一四年
『昭和の働く女性　夢と希望と困難と』昭和館学芸部編、（昭和館特別企画展展示図録）、昭和館、二〇一四年

設問1

市川房枝《いちかわふさえ》の「平等」を求める旺盛《おうせい》な行動力の原点は、いつの頃《ころ》の、どういうところにありましたか。

設問2

平塚《ひらつか》らいてうと二人三脚《ににんさんきやく》で設立した「新婦人協会」を、房枝は一年半で辞《や》めてしまいますが、そうなった二人の価値観の違《ちが》いとは、どのようなものだったでしょうか。

設問3

読売《よみうり》新聞特派員としてアメリカ視察に行った後、房枝はＩＬＯ東京支局の事務員となり三年間活発に働きましたが、突然辞めてしまいます。その理由は何だったでしょうか。

設問作成　橋口丈志（清風学園）

ちくま評伝《ひょうでん》シリーズ〈ポルトレ〉
市《いち》川《かわ》房《ふさ》枝《え》――女性解放運動《じょせいかいほううんどう》から社会変革《しゃかいへんかく》へ

二〇一五年一月二十五日　初版第一刷発行

著　者　筑摩書房編集部
発行者　熊沢敏之
発行所　株式会社筑摩書房
東京都台東区蔵前二－五－三　〒一一一－八七五五
振替　〇〇一六〇－八－四一二三

印刷・製本　中央精版印刷株式会社

さいたま市北区櫛引町二－六〇四　〒三三一－八五〇七
筑摩書房サービスセンター　電話〇四八－六五一－〇〇五三
 ISBN978-4-480-76617-5 C0323

ちくま評伝シリーズ〈ポルトレ〉

第Ⅰ期全15巻

・スティーブ・ジョブズ〈アップルをつくった天才〉実業家、アップル創業者
・長谷川町子〈「サザエさん」とともに歩んだ人生〉漫画家
・アルベルト・アインシュタイン〈相対性理論を生み出した科学者〉物理学者
・マーガレット・サッチャー〈「鉄の女」と言われた信念の政治家〉政治家、イギリス首相
・藤子・F・不二雄〈「ドラえもん」はこうして生まれた〉漫画家
・本田宗一郎〈ものづくり日本を世界に示した技術屋魂〉実業家、ホンダ創業者
・ネルソン・マンデラ〈アパルトヘイトを終焉させた英雄〉政治家、黒人解放運動家
・黒澤明〈日本映画の巨人〉映画監督
・レイチェル・カーソン〈『沈黙の春』で環境問題を訴えた生物学者〉生物学者、環境保護運動家
・ヘレン・ケラー〈行動する障害者、その波乱の人生〉社会福祉運動家
・ココ・シャネル〈20世紀ファッションの創造者〉デザイナー、実業家
・岡本太郎〈「芸術は爆発だ」。天才を育んだ家族の物語〉芸術家
・ワンガリ・マータイ〈「MOTTAINAI」で地球を救おう〉政治家、環境保護運動家
・安藤百福〈即席めんで食に革命をもたらした発明家〉実業家、日清食品創業者
・市川房枝〈女性解放運動から社会変革へ〉政治家、市民運動家